FORMAÇÃO DO PROFESSOR DE MATEMÁTICA:

A APRENDIZAGEM DA ATIVIDADE PEDAGÓGICA NO PIBID

MARIA MARTA SILVA
WELLINGTON LIMA CEDRO

organizadores

Maria Marta Silva
Wellington Lima Cedro
(Organizadores)

FORMAÇÃO DO PROFESSOR DE MATEMÁTICA: a aprendizagem da atividade pedagógica no PIBID

EDITORA CRV
Curitiba - Brasil
2017

Copyright © da Editora CRV Ltda.
Editor-chefe: Railson Moura
Diagramação e Capa: Editora CRV
Arte da Capa: Sarah Cristina Maria Silva
Ilustrações: Alex Marçal Oliveira e Sarah Cristina Maria Silva
Revisão: Os Autores

CIP-BRASIL. CATALOGAÇÃO NA PUBLICAÇÃO
SINDICATO NACIONAL DOS EDITORES DE LIVROS, RJ

F82

    Formação do professor de matemática: a aprendizagem da atividade pedagógica no PIBID / Maria Marta Silva, Wellington Lima Cedro (organizadores) - 1. ed. - Curitiba, PR: CRV, 2017.
162 p.

Bibliografia
ISBN 978-85-444-1899-4
DOI 10.24824/978854441899.4

    1. Matemática - Estudo e ensino. 2. Professores de matemática - Formação. I. Silva, Maria Marta. II. Cedro, Wellington Lima.

17-44548

CDD: 510.78
CDU: 51(07)

ESTA OBRA TAMBÉM ENCONTRA-SE DISPONÍVEL EM
FORMATO DIGITAL.
CONHEÇA E BAIXE NOSSO APLICATIVO!

2017
Foi feito o depósito legal conf. Lei 10.994 de 14/12/2004
Proibida a reprodução parcial ou total desta obra sem autorização da Editora CRV
Todos os direitos desta edição reservados pela: Editora CRV
Tel.: (41) 3039-6418 - E-mail: sac@editoracrv.com.br
Conheça os nossos lançamentos: www.editoracrv.com.br

Conselho Editorial:

Ana Carolina Costa Pereira – UECE
Ana Paula Gladcheff Munhoz – USP
Fabiana Fiorezi de Marco – UFU
Janice Pereira Lopes – UFG
João Roberto Ferreira – UEG
Maria do Carmo de Sousa – UFSCAR

Aldira Guimarães Duarte Domínguez (UNB)
Andréia da Silva Quintanilha Sousa (UNIR/UFRN)
Antônio Pereira Gaio Júnior (UFRRJ)
Carlos Alberto Vilar Estêvão (UMINHO – PT)
Carlos Federico Dominguez Avila (UNB)
Carmen Tereza Velanga (UNIR)
Celso Conti (UFSCar)
Cesar Gerónimo Tello (Univer. Nacional Três de Febrero – Argentina)
Elione Maria Nogueira Diogenes (UFAL)
Élsio José Corá (UFFS)
Elizeu Clementino (UNEB)
Francisco Carlos Duarte (PUC-PR)
Gloria Fariñas León (Universidade de La Havana – Cuba)
Guillermo Arias Beatón (Universidade de La Havana – Cuba)
Jailson Alves dos Santos (UFRJ)
João Adalberto Campato Junior (UNESP)
Josania Portela (UFPI)
Leonel Severo Rocha (UNISINOS)
Lídia de Oliveira Xavier (UNIEURO)
Lourdes Helena da Silva (UFV)
Maria de Lourdes Pinto de Almeida (UNICAMP)
Maria Lília Imbiriba Sousa Colares (UFOPA)
Maria Cristina dos Santos Bezerra (UFSCar)
Paulo Romualdo Hernandes (UNICAMP)
Rodrigo Pratte-Santos (UFES)
Sérgio Nunes de Jesus (IFRO)
Simone Rodrigues Pinto (UNB)
Solange Helena Ximenes-Rocha (UFOPA)
Sydione Santos (UEPG)
Tadeu Oliver Gonçalves (UFPA)
Tania Suely Azevedo Brasileiro (UFOPA)

Comitê Científico:

Adelino Candido Pimenta (IFG)
Américo Junior Nunes da Silva (UNEB)
Celso Ferreira da Cruz Victoriano (UMSA)
Claus Haetinge (UNIVATES)
Clélia Maria Ignatius Nogueira (UEM)
Dulce Maria Strieder (Unioeste)
Gionara Tauchen (UFRG)
Idemar Vizolli (UFT)
João Alberto da Silva (UFRG)
Jorge Carvalho Brandao (UFC)
Kelly Roberta Mazzutti Lübeck (UNIOESTE)
Marco Aurélio Kalinke (UTFPR)
Reginaldo Rodrigues Costa (PUC/PR)
Silvia Teresinha Frizzarini (UDESC)
Vilmar Malacarne (Unioeste)
Wellington Lima Cedro (UFG)

Este livro foi avaliado e aprovado por pareceristas *ad hoc*.

A todos os alunos da Escola Municipal Professora Zelsani (Quirinópolis, Goiás). Sem vocês nada aqui teria se materializado. Nada teria deixado de ser palavra para se objetivar em ações. Nada teria sido acima de nossas melhores expectativas, como na verdade foi. Ninguém é mais merecedor de receber, pois, eram vocês que nos davam os sorrisos mais largos e as falas mais surpreendentes a cada atividade. A vocês, os sujeitos pelos quais nos movemos para organizar o ensino, dedicamos o produto do nosso trabalho compartilhado entre todos nós.

Maria Marta da Silva e
Wellington Lima Cedro
Organizadores

SUMÁRIO

APRESENTAÇÃO 11

PREFÁCIO 13
Manoel Oriosvaldo de Moura

AS POSSIBILIDADES E LIMITES DO PIBID 17
Roberto Barcelos Sousa

DA INICIAÇÃO À DOCÊNCIA À APROPRIAÇÃO
DA ATIVIDADE PEDAGÓGICA 27
Maria Marta da Silva

2 REINOS, 2 CORAÇÕES E 1 ESTRATÉGIA DE
ENSINO DA POTENCIAÇÃO 51
Ivo Augusto Zuliani de Moraes
Sarah Leticia Silva Machado de Melo
Sarah Cristina Maria Silva

UM OLHAR HISTORIOGRÁFICO ACERCA DO
DESENVOLVIMENTO DO CONCEITO MATEMÁTICO DE ÁREA 81
Maria Marta da Silva
Cezar Augusto Ferreira

O CONCEITO DE FRAÇÃO ENTRE DUAS MARGENS:
do seu surgimento à necessidade de apropriação pelos alunos 103
Angélica Paula Costa Santos
Erika Lúcia Ferreira de Jesus
Géssica Alves Dias
Renata Fernandes Pinheiro

A RELAÇÃO DUAL ENTRE ORGANIZAÇÃO DO ENSINO
DE MATEMÁTICA E A APRENDIZAGEM DA DOCÊNCIA
MEDIADA PELOS CONCEITOS MATEMÁTICOS DE
POLÍGONOS E POLIEDROS 115
Charles Custódio da Silva
Dayane Andrade Souza
Dayanne Cristyne Andrade Ferreira Soares
José Clementino da Silva
Larissa Stéfane Borba Gouveia

**DA CONTAGEM AO CONCEITO DE NÚMERO
E SISTEMA DE NUMERAÇÃO** 131
Aline Costa Alves Cândido
Ana Luiza Amaral Garcia
Cezar Augusto Ferreira
Eduardo de Souza Silva
Isa Micaella Vieira Marques
Maria Marta da Silva
Paloma Aparecida Souza do Nascimento

SOBRE OS AUTORES.. 157

APRESENTAÇÃO

Alguém pode se perguntar: *Por que mais um livro que trata da formação inicial do professor de matemática? Já não se esgotou esse tema?*

A nossa resposta para essa pergunta é a seguinte: Caro leitor, nesse livro você não encontrará "mais do mesmo", ou seja, você não tem em suas mãos mais uma obra que trata de forma genérica a questão da formação inicial do professor de matemática.

O objetivo dos organizadores e autores deste compêndio é apresentar as formas como um programa federal de apoio a formação docente, o PIBID (Programa Institucional de Bolsa de Iniciação à Docência), tonar-se um espaço capaz de potencializar a aprendizagem dos professores de matemática em formação.

Estruturado em torno dos relatos e reflexões de um grupo, formado pelos professores da educação superior, professores da educação básica e estudantes do curso de licenciatura do Campus Quirinópolis da Universidade Estadual de Goiás, este livro constitui-se em um exemplo singular, mas que não se distancia de uma compreensão geral do processo de formação docente, que permitirá ao leitor perceber como a organização do ensino pautada em um referencial teórico delimitado, a Teoria Histórico-cultural, é capaz de propiciar o desenvolvimento real dos conhecimentos teóricos vinculados à docência.

No anseio de oferecer uma obra coerente e coesa, este livro está organizado da seguinte maneira.

O primeiro capítulo desta obra tem como objetivo apresentar o PIBID no âmbito da Universidade Estadual de Goiás, mais especificamente nas dependências do Campus situado na cidade Quirinópolis, Goiás. Escrito por *Roberto Barcelos Sousa*, o texto apresenta as possibilidades que tal projeto tem para a formação do futuro professor que ensina matemática.

O segundo capítulo intitulado "Da iniciação à docência à apropriação da atividade Pedagógica" escrito por *Maria Marta da Silva* tem como foco mostrar o percurso que os futuros professores de matemática tiveram ao adentraram nas tarefas realizadas no projeto do PIBID da UEG/Quirinópolis. O texto escrito pela coordenadora do projeto expõe como este tornou-se um espaço de aprendizagem para os docentes em formação.

Iniciando a parte do livro destinada a apresentar as reflexões dos estudantes da licenciatura em matemática e dos professores da educação básica envolvidos no PIBID, o texto escrito por *Ivo Zuliani, Sarah Melo* e por *Sarah Silva* apresenta uma Situação Desencadeadora de Aprendizagem (SDA) que enfoca a potenciação e faz uso das histórias em quadrinhos como forma de apresentar o problema desencadeador.

O capítulo quatro deste livro é destinado a discutir os nexos conceituais relacionados a mensuração de área. Enfatizando a compreensão lógico--histórica deste conceito *Maria Marta da Silva* e *Cezar Augusto Ferreira* nos apresentam uma SDA fundamentada na história virtual chamada "A missão de Xinavane".

O próximo capítulo escrito por um quarteto de autoras nos traz uma SDA que foi desenvolvida utilizando-se como base um cenário que procurava recriar os problemas enfrentados pelos egípcios ao tentarem mensurar a área das suas terras banhadas pelo rio Nilo. Com foco na compreensão dos nexos conceituais da fração *Angélica Santos, Erika Ferreira, Géssica Dias e Renata Pinheiro* nos apresentam um rico relato de experiência.

O capítulo seguinte tem como foco a geometria e expõe as reflexões sobre a atividade pedagógica de um quinteto de professores de matemática em formação, a saber *Charles Silva, Dayanne Soares, Dayane Souza, José Clementino* e *Larissa Gouveia*. Abordando os polígonos e poliedros o grupo de docentes nos trazem à tona a necessidade da discussão entre a relação organização do ensino e a aprendizagem da docência.

O último capítulo deste livro denominado *"Da contagem ao conceito de número e sistema de numeração"* foi escrito por um grupo de autores que teve como objetivo apresentar as dificuldades encontradas por eles ao desenvolverem uma SDA que abordava os números. O relato escrito por *Aline Alves, Ana Garcia, Cezar Ferreira, Eduardo Silva, Isa Marques* e *Paloma Nascimento* destacam o caminho tortuoso da aprendizagem docente, mesmo em um projeto diferenciado como o desenvolvido na UEG campus Quirinópolis.

O leitor atento deste livro poderá notar nos sete capítulos que compõe essa obra o movimento explícito de aprendizagem de todos os sujeitos envolvidos neste processo de formação para a docência em matemática. Como um processo em andamento, é evidente que temos em alguns momentos algumas afirmações que porventura poderão ser repensadas em outros momentos da carreira docente de cada um destes sujeitos. Contudo, a grande contribuição deste livro está na possibilidade de mostrar como podemos tornar a formação do professor que ensina matemática um processo que permita a superação da alienação da docência, que predomina no contexto atual da escola e da educação brasileira.

Maria Marta da Silva e Wellington Lima Cedro
Organizadores

PREFÁCIO

Eis-me novamente chamado a escrever sobre a organização do ensino de Matemática de acordo com os pressupostos teórico-metodológicos da Atividade Orientadora de Ensino. Mas dessa vez tem uma nuance muito relevante: escrevo como esse modo geral de organização se objetivou no ensino e na aprendizagem da docência e isso se concretiza numa política pública de educação que pode ser considerada bem-sucedida. Falo da profícua forma de disposição dos processos de se aprender a ensinar conceitos matemáticos que já são desenvolvidos no Clube de Matemática, como já tradicional espaço de formação inicial de futuros professores, só que agora em outro espaço: no PIBID, em especial um Subprojeto de Matemática, lugar onde Universidade e escola pública coletivamente promovem a formação docente.

A publicação que tenho em mãos para análise, sobre a qual me solicitam o prefácio, é um dos muitos exemplos de resultados de uma política educacional de sucesso. Enfatizo esse fato por ele ser raro em políticas governamentais e também por considerar que essas políticas não deveriam ser negligenciadas e descontinuadas, dada a amplitude de seu alcance para a melhoria da qualidade da formação de professores e consequentemente, o potencial que apresenta para melhorar o desempenho dos estudantes da escola básica.

O livro é composto de uma coletânea de artigos escritos por estudantes de graduação, professores universitários e professores das escolas que também assumiram o papel de parceiras da universidade para a formação dos estudantes para a docência. A parceria entre a Universidade e a escola pública, intermediada pelo PIBID, colocou em movimento o potencial já existente no Clube de Matemática para a formação de professores de matemática.

Os textos que compõem o livro evidenciam o quanto a estrutura já vivenciada no Clube propiciou o desenvolvimento daqueles que ao realizarem as suas ações vão se compreendendo como sujeitos em processo de formação para a docência. As referências que fazem às práticas realizadas nas atividades proporcionadas pela participação no Subprojeto vão nos dando a dimensão do quão relevante é a atividade formadora que realizam.

A realização conjunta das atividades de ensino, prática que se constitui como um dos pressupostos clubistas e agora pibidianos, é identificada pelos estudantes como essencial para os seus modos de aprendizagem sobre a docência. Este fato é da maior relevância, dado que ao assumirem suas funções como educadores deverão ter presente o papel de todos os que fazem a escola para bem realizarem a educação escolar como uma atividade somente plenamente possível se assumida de modo coletivo.

Os temas tratados em cada capítulo são aqueles que ressaltam o modo de concretizar a educação como uma atividade necessária para o pleno desenvolvimento humano. Ao ser defendido que é pela educação escolar que os sujeitos se apropriam da cultura, as ações formativas desenvolvidas por esse Subprojeto PIBID de Matemática vão buscando o modo como esta apropriação pode ser realizada. Assim, no desenvolvimento dos textos vai ficando claro, também, o modo de cada licenciando ir compreendendo o seu papel como sujeito que realiza o ensino. Desse modo, há de se considerar que seus textos também revelam um modo de irem se apropriando da escrita como possibilidade de comunicarem as suas aprendizagens em processo.

A consciência do papel do conteúdo na atividade pedagógica fica evidenciada nos textos ao ser destacado a centralidade dos mesmos para possibilitar a apropriação de ferramentas teóricas pelos estudantes. Estes, dessa maneira, são considerados como sujeitos que procuram a escola na esperança de adquirirem os conhecimentos necessários para a vivência social. E por estarem tomando consciência da importância de promoverem a apropriação desses conteúdos surge a necessidade da atividade pedagógica que desenvolva o modo de aprender que tenha significado para os sujeitos em atividade de aprendizagem.

A percepção da relevância do desenvolvimento do pensamento teórico dos estudantes está presente nas afirmações que defendem a necessidade de colocar os alunos em situações que lhes permitam vivenciar o modo humano de resolver problemas. Essa evidência está presente ao proporem a elaboração das atividades de ensino em que a aprendizagem atente para conscientização dos nexos conceituais presentes no desenvolvimento da aprendizagem dos conteúdos de ensino.

Os autores propõem as situações desencadeadoras de aprendizagem como possibilidade de mobilizar nos estudantes processos de apropriação dos conhecimentos que considere suas potencialidades teóricas de modo a lhes permitir chegar a níveis de conhecimentos mais elaborados com base naqueles que já possuem. É por isto que também destacam os pressupostos da teoria histórico-cultural sobre a aprendizagem dos conceitos científicos como condutor do modo de organização do ensino orientado para a formação de um modo geral de resolver problema.

A consciência da educação como atividade complexa é que parece ressaltar nos futuros professores a defesa do trabalho coletivo como aquele que possibilita a melhor forma de organizar as atividades de ensino de modo a minimizar os possíveis erros a que estamos suscetíveis nas ações individuais a que somos impelidos na educação escolar. Em todos os textos é feita referência à importância do trabalho coletivo no desenvolvimento de todas as ações do Subprojeto, ao modo como organizam coletivamente as atividades de ensino e como partilham as ações educativas nas escolas.

Chama atenção, em praticamente todos os textos, o quanto são feitas referências ao papel do lúdico nas atividades de ensino. Ressalto que não é apenas a apologia do lúdico. O que se percebe é que esta concepção está presente nas atividades de ensino ao proporem as situações desencadeadoras de aprendizagem por meio das histórias virtuais do conceito. Nestas se fazem presente o chamamento à imaginação, ao jogo e aos fatos históricos reinterpretados de modo a possibilitar a compreensão do desenvolvimento dos conceitos tomando-se por base as necessidades humanas, sejam estas objetivas ou subjetivas.

É significativa a quantidade de vezes em que os alunos e professores fazem referência ao papel do planejamento das atividades de ensino. Sem dúvida trata-se da conscientização do papel do educador como responsável pela organização da atividade de aprendizagem dos estudantes. É a própria estruturação do Subprojeto que possibilita a tomada de consciência sobre o papel do planejamento. Ao colocar em prática os pressupostos da Teoria da Atividade, os futuros professores e os professores em exercício são solicitados a organizarem intencionalmente as situações desencadeadoras de aprendizagem coletivamente em Atividades Orientadoras de Ensino. Este fato coloca-os no movimento da dinâmica relação entre ensino e aprendizagem e também de observadores atentos aos processos constituintes dessa dinâmica. É isso que possibilita a avaliação permanente dos resultados que estão acontecendo continuamente no desenvolvimento do ensino e da aprendizagem. Desse modo, o professor, por um processo de análise e síntese, se desenvolve, passando a um nível superior de compreensão de seu trabalho como educador.

Manoel Oriosvaldo de Moura
Outono de 2017

AS POSSIBILIDADES E LIMITES DO PIBID

Roberto Barcelos Sousa

Introdução

A luta por uma educação pública, gratuita e de qualidade tem sido constante no Brasil. Travada por professores de todos os níveis de ensino ela tem garantido alguns avanços no que tange ao estabelecimento de políticas públicas e educacionais voltadas ao fortalecimento de relações entre teoria-prática e universidade-escola, como se configura o caso do nosso contemporâneo PIBID (Programa Institucional de Bolsa de Iniciação à Docência).

Sabe-se que a educação brasileira padece de múltiplos problemas, dos quais grande parte são de ordem estrutural e, verdadeiramente, resultantes da própria lógica do capitalismo que, nesse caso, são de resolução limitada. Entretanto, essa luta constante cumpre um papel essencial para premer o Estado a desempenhar aquilo que é dever seu: afiançar essa educação pública, gratuita e de qualidade. Agora, se existe circunscrição estrutural-governamental para a realização do que é posto como dever, essa luta no mínimo despe essa limitação ao ponto de podermos observar e pensar as adversidades da educação para termos condições de propor superações para as problemáticas da realidade educacional que temos.

Com efeito, não podemos desconsiderar que muitos avanços já ocorreram. O Programa Institucional de Bolsas de Iniciação à Docência (PIBID), da Coordenação de Aperfeiçoamento de Pessoal de Nível Superior (CAPES), tem sido considerado uma iniciativa de grande relevância no que toca à formação de professores. Isto deve ser visto positivamente pois, esta formação, quando falha, torna-se um dos principais problemas característicos da educação brasileira.

Nesse viés de ressaltar o papel do PIBID na formação docente, queremos enunciar que a Universidade Estadual de Goiás (UEG) desenvolve o programa desde 2012. O Subprojeto do PIBID de Matemática do Campus de Quirinópolis, que é o contexto empírico de desenvolvimento das ações de ensino, pesquisa e extensão que acabaram por dar vida a esse livro, consta desse mesmo ano, além de ter sido o primeiro Subprojeto PIBID desse Campus.

A formação de professores é uma política estratégica e de interesse nacional, tanto para os que defendem o projeto liberal desenvolvido no Brasil como para aqueles que protegem a perspectiva de uma educação pública, de qualidade e alicerçada na luta por outra concepção de sociedade. Acreditamos que entre as táticas governamentais para a melhora da formação docente e da educação básica, encontra-se o PIBID, nosso objeto de estudo nesse capítulo.

Para construirmos essa interface entre o PIBID, a formação docente e sua relação com a Educação Básica, faremos primeiramente a elucidação do programa no contexto da UEG, dando destaque ao Subprojeto PIBID de Matemática do Campus Quirinópolis. Logo em seguida, construiremos um elo entre o PIBID e a formação de professores, e suas possibilidades e limites de ultrapassar a proposição de ações cotidianas e imediatas no processo formativo docente. Ao final do capítulo construímos nossas conclusões acerca de quais seriam essas possibilidades e condições limítrofes que o PIBID possui de proficuamente estabelecer melhoras nas supracitadas relações a ponto de as mesmas poderem ditar quadros de avanço nas condições tanto da formação de professores, como da realidade da educação básica.

O PIBID no contexto da UEG: campus Quirinópolis e o subprojeto matemática em destaque

O Programa Institucional de Bolsa de Iniciação à Docência (PIBID) é um programa que visa a formação de professores, tanto na vertente da formação continuada quanto na formação inicial. Para tanto, oferece bolsas de iniciação à docência aos acadêmicos de cursos presenciais de licenciatura, para que eles exerçam atividades pedagógicas em escolas públicas de educação básica. Nessa perspectiva, responde ao compromisso da Capes de investir na valorização do magistério ao contribuir no aprimoramento da formação docente. Dentre os vários objetivos do PIBID, estabelecidos na portaria nº 096, de 18 de julho de 2013, destacamos o de

> Inserir os licenciados no cotidiano de escolas da rede pública de educação, proporcionando-lhes, oportunidades de criação e participação em experiências metodológicas, tecnológicas e práticas docentes de caráter inovador e interdisciplinar que busquem a superação de problemas identificados no processo de ensino e aprendizagem (BRASIL, 2013).

Com essa iniciativa, o PIBID oferece possibilidades de se fazer articulações entre a universidade e a educação básica, como também entre os conhecimentos teóricos oriundos da primeira e aqueles vivenciados na prática da sala de aula.

Com vista a propiciar essas oportunidades, no ano de 2012, por meio da Pró-reitoria de Graduação, a Universidade Estadual de Goiás abriu uma licitação para envio de subprojetos. O objetivo era fazer um levantamento das reais intencionalidades dos cursos de Licenciatura e, ao mesmo tempo elaborar o projeto institucional da UEG para concorrer a chamada pública da Coordenação de Aperfeiçoamento de Pessoal em Nível Superior (CAPES), Edital 11/2012[1] cujo objetivo é fomentar a formação inicial de professores pelo Programa Institucional de Iniciação à Docência (PIBID). Após a chamada interna, a Pró-reitoria de Graduação constituiu dentro da sua coordenação de programas e projetos uma equipe para realizar a produção e gestão deste projeto institucional para concorrer ao edital da Capes (na ocasião foram recebidos 40 subprojetos, e a UEG contava no momento com 76 licenciaturas distribuídas em nove (9) áreas, a saber: Ciências Biológicas, Matemática, Pedagogia, Letras, Física, Química, História, Educação Física e Geografia.

Diante dessa realidade, as atividades com o PIBID na Universidade Estadual de Goiás (UEG) se iniciaram em agosto de 2012, naquele ano, foram aprovados 40 subprojetos em nove áreas de conhecimento. Foram cadastrados 322 bolsistas, sendo um coordenador Institucional, um coordenador de gestão e processos educacionais, quarenta (40) coordenadores de área, duzentos e quarenta (240) bolsistas de iniciação à docência e quarenta (40) supervisores[2]. Os coordenadores institucional e de gestão e coordenadores de área são professores efetivos da própria universidade. Professores supervisores são os professores da educação básica, e os bolsistas de iniciação da docência, por sua vez, são os acadêmicos matriculados nos cursos de licenciatura.

Com os resultados positivos obtidos na execução do projeto institucional nos anos de 2012 e 2014, a UEG, em 2014, concorreu ao novo edital do PIBID com a apresentação de um novo Projeto Institucional que visava a expansão do mesmo. Nesta nova oportunidade foram aprovados 61 subprojetos, distribuídos nas seguintes áreas: seis (6) de Ciências Biológicas, três (3) Educação Física, um (1) física, nove (9) Geografia, dez (10) história, três (3) Letras – Língua Inglesa, doze (12) Letras – Língua Portuguesa, sete (7) Matemática, nove (9) Pedagogia, e um (1) Química. Com o novo projeto a UEG quase triplicou o número de bolsistas, passando de 322 para um total

---

1   Edital disponível no sítio eletrônico: <http://www.capes.gov.br/images/stories/download/bolsas/Edital_011_PIBID-2012.pdf>. Acesso em: 19 dez. 2016.
2   As Funções e deveres destas funções podem ser consultas no sítio eletrônico: <http://www.capes.gov.br/images/stories/download/legislacao/Portaria_096_18jul13_AprovaRegulamentoPIBID.pdf>.

de 785 bolsistas, sendo um coordenador institucional, quatro (4) coordenadores de gestão, sessenta e quatro (64) coordenadores de áreas, seiscentos e vinte e um (621) alunos de iniciação à docência e 95 supervisores. Em uma perspectiva quantitativa, a UEG passou a ser a segunda instituição de ensino do Brasil com maior número de subprojetos.

Dentre as atividades pedagógicas de formação propostas no projeto institucional de 2014, ressalta-se priorização à realização de estudos dos pressupostos teórico-metodológicos, que possibilitam aos bolsistas a compreensão da prática docente nas escolas de educação básica, e as atividades de estudos teóricos com os licenciandos para fundamentar e construir saberes e fazeres sobre o ensino de aprendizagem do conteúdo a ser trabalhado e sobre a escola e seu cotidiano.

Os resultados esperados, expressos no projeto institucional, são de que as ações do PIBID desenvolvidas na UEG possam contribuir com a formação dos alunos de graduação, favorecendo seu entendimento de que a docência é uma profissão necessária para o processo de formação do humano, a fim de proporcionar aos alunos da educação básica das escolas públicas o acesso ao conhecimento produzido historicamente pela humanidade.

Como já explicitamos, nosso campo empírico de desenvolvimento das ações foi o Subprojeto PIBID de Matemática. Tal subprojeto fazia parte do edital de 2012 e, fora o único a ser desenvolvido no Campus de Quirinópolis entre os anos de 2012 e 2014. O mesmo possuiu como escola-parceira, desde então, a Escola Municipal Professora Zelsani, escola esta que possui alunos da pré-escola à nona série do ensino fundamental, sendo também a segunda escola em maior número de alunos na rede municipal.

O referido Subprojeto realizava reuniões semanais destinadas ao planejamento teórico-metodológico das ações. Essas reuniões tinham a finalidade de discutir as ações com relação aos educandos da escola básica e, consequentemente, fundamentá-las com teóricos da área educacional, em especial da Educação Matemática. As atividades de ensino planejadas e desenvolvidas na escola-parceira, foram transformadas, ao longo desses 4 anos, em trabalhos aprovados em eventos da área de Educação Matemática a nível local, regional e nacional (ao todo já foram publicados mais de 28 trabalhos).

Todo o conjunto de ações pensadas no âmbito desse Subprojeto buscavam intencionalmente permitir aos bolsistas de iniciação à docência (no total de 7), à professora supervisora e ao professor coordenador de área, uma interface entre os múltiplos instantes que perfazem o processo formativo de professores. Queríamos a todo o tempo que todos os indivíduos envoltos no desenvolvimento das ações se vissem como sujeitos ativos no processo de desenvolvimento da aprendizagem da docência, seja ela em nível inicial ou continuada.

Para tal dávamos destaque às possibilidades que o projeto possuía em conduzir os licenciandos à compreensão e levá-los a observar as vantagens de, no movimento do desenvolvimento das ações, poderem aprender e ensinar matemática com foco nas necessárias e imprescindíveis interconexões entre teoria/prática e universidade/escola. Em outras palavras, nosso desejo era de que o PIBID se configurasse como um espaço de aprendizagem da docência que oportunizasse aos licenciandos entender as reais chances de que eram possuidores, de transpor o modelo de reprodução das ações cotidianas e imediatas do processo formativo docente do qual faziam parte.

PIBID: possibilidades e limites de ultrapassar a proposição de ações cotidianas e imediatas no processo de formação docente

A política nacional de formação de professores em vigor construiu-se em dois instantes: inicialmente, com o surgimento de vários documentos, diagnósticos, avaliações e propostas alinhadas às metas dos organismos internacionais, como, por exemplo, as diretrizes, tanto para a educação básica como para a formação de professores, o Plano de Desenvolvimento da Educação (PDE), o Plano Nacional de Educação (PNE) entre outros documentos de base; e posteriormente, constatamos uma intercessão, via políticas públicas, na lógica da organização escolar e das práticas pedagógicas, por meio da formação inicial e continuada de professores, como, por exemplo, temos o PIBID.

Enfatizamos que as políticas de formação docente do Ministério da Educação (MEC) têm tido como premissa às orientações dos organismos multilaterais. Essas direções estão embasadas em alicerces teórico-pedagógicos resultantes das concepções (neo)construtivistas e (neo)tecnicistas, tais como a pedagogia das competências, da qualidade total e da educação corporativa. Nesse tocante, o "aprender a aprender" e o "aprender a fazer fazendo" passa a ditar a tônica à formação inicial docente, destacando a prática e a vida cotidiana da escola.

Partem da ideia única de que a educação necessita ser útil para o imediato. Duarte (2006), Facci (2004), Marsiglia (2011) e Santos (2011) tecem severas críticas acerca desse modelo de formação docente e à predominância nas políticas educacionais brasileiras de propostas que se solidificam em ações cotidianas, pragmáticas e imediatistas. Fato que não contribui para a constituição do pensamento teórico, muito menos do crítico, capaz de estabelecer relações entre o singular, o particular e o universal, por estar sempre na esfera do singular.

Infelizmente, supomos que na proposição de formação docente orientada pelas políticas educacionais atuais em torno da reflexão sobre a prática e a vida cotidiana, não existe espaço para um conhecimento efetivo da realidade, que parta do conhecimento empírico e seja mediado pelos conhecimentos científicos, ampliando dessa forma, as possibilidades de compreensão, transformação e superação na\da realidade concreta.

Com efeito, considerando o já exposto e o por nós conhecido acerca do PIBID, afirmamos que uma das expectativas essenciais do programa é traçar uma relação entre teoria e prática. Entretanto, é notável que tais objetivos estão mais voltados ao pragmatismo do que a uma relação de fato entre teoria e prática pedagógica. Infelizmente, o que temos visto é um PIBID definido como política indutora do governo federal, com vias a incentivar que as licenciaturas assumam um papel de protagonista no processo de formação docente no âmbito das instituições universitárias. Não que isso seja ruim ou errôneo, só que devemos nos atentar a questões como as que dizem que,

> Tal iniciativa convive com velhos problemas que ainda estão presentes na formação de professores, tais como as polêmicas relações entre formação específica e formação pedagógica nos cursos de licenciatura, entre ensino e pesquisa na universidade, bem como a difícil e necessária articulação entre teoria e prática. Portanto, se o PIBID funcionar como uma soma de subprojetos independentes que não se articulam entre si, ele pouco pode contribuir para mudar a realidade que se mantém intacta há décadas nos cursos de licenciatura: a supervalorização dos conhecimentos específicos em detrimento da discussão acerca dos princípios pedagógicos do trabalho docente (CARVALHO; QUINTEIRO, 2013, p. 5).

Mesmo reconhecendo o PIBID como uma possibilidade frutífera de formação docente que se introduz para as licenciaturas, Carvalho e Quinteiro (2013) alertam para a necessidade de que o projeto requeira um debate interno na própria universidade sobre as condições para o estabelecimento de uma política formativa de professores que transponha os velhos vícios e os já conhecidos problemas. Os autores destacam também a imprescindível discussão acerca dos princípios pedagógicos do trabalho docente como tarefa inalienável de todos os cursos de licenciatura. Em que se deve ressaltar os conhecimentos sobre aprendizagem e desenvolvimento humano como premissas que integrem a atividade pedagógica (MOURA, 2001). Acreditamos que as disciplinas das licenciaturas têm como responsabilidade expandir o limite de compreensão desse processo, propondo que tais conhecimentos (específicos e pedagógicos) sejam vislumbrados com base naquilo que constitui o núcleo central do trabalho docente: a organização do ensino, as escolhas em relação ao que ensinar e como fazê-lo, bem como a avaliação escolar (LIBÂNEO, 2014).

Portanto, defendemos a tese de que durante o desenvolvimento das ações do PIBID tenhamos possibilidades de perceber a realidade escolar tendo a organização do ensino como referencial, para que assim se permita que o licenciando articule melhor as teorias estudadas até então, com a realidade educacional, adquirindo, desta forma, condições de compreender aspectos singulares de fenômenos aos quais tradicionalmente se exime, como se dele não fizesse parte, tais como o fracasso escolar, a evasão ou os problemas de aprendizagem do aluno. Assim, consideramos que se o PIBID puder realizar o papel de intermediador entre universidade e escola, permitindo que o aprendiz da docência observe essa realidade e se coloque no lugar do professor, possibilitará a esse futuro professor a compreensão da complexidade da atividade docente como uma inter-relação de práticas histórico-sociais diversas, que envolvem desde elementos mais amplos da cultura, até as inúmeras mediações realizadas pelos sujeitos envolvidos (SACRISTÁN; GOMEZ, 1998; LIBÂNEO, 2012).

Destarte, mesmo que os objetivos basais do PIBID se incidam a uma necessária transformação da atividade pedagógica, na maioria das vezes o que temos visto é que o mesmo não tem ultrapassado a proposição de ações cotidianas e imediatas, visto não estarem calcados em uma proposta efetiva de transformação da educação com o objetivo de construção de outro modelo social educativo. Afinal, mesmo dentro do modelo social do capitalismo, esses objetivos se mostram, particularmente, questionáveis quanto à sua efetividade, pois, quando o programa propõe e se dispõe a contribuir à valorização docente, parece se restringir à formação pragmática do professor.

No entanto, é fundamental que a valorização do professor transpasse esse quesito. Da mesma forma, quando traça a expectativa de que a inserção antecipada dos licenciandos na realidade escolar possa conduzi-los à superação de problemáticas identificadas e fossilizadas no processo de ensino e de aprendizagem ali existentes, atribui à formação "tradicional", que se caracteriza pela restrita e "tardia" inserção do professor em formação no contexto escolar, ou seja, no momento do estágio, como a total responsável pelos problemas relacionados à formação docente desse sujeito. Dessa maneira, o programa desloca de cena todos os múltiplos, e variados, fatores que fazem com que a escola não cumpra seu papel de permitir que os sujeitos que pertençam ao fenômeno tão especificadamente humano – o qual seja a educação – se apropriem dos conhecimentos historicamente produzidos por sua própria espécie.

Além disso, o objetivo de tornar os professores da educação básica em (co)formadores dos professores em formação e as escolas em protagonistas nos processos de formação inicial é atribuir-lhes uma responsabilidade que talvez suas condições atuais de trabalho não possibilitem. Lembramos ainda, que os mesmos órgãos que agora colocam sobre os ombros dos professores da educação básica e das escolas, a (co)responsabilidade de formar outros professores, são os mesmos que outrora apregoaram que a má qualidade da educação pública era atribuída à formação de má qualidade daqueles que nela atuam e às suas próprias condições objetivas. Isto é, essa (co)autoria formativa concedida aos professores supervisores e à escola-parceira, pode realmente não render os frutos que se esperam, pois, como é sabido, o PIBID não atua somente em escolas que são consideradas modelos ou que apresentam alto pontuação no Índice de Desenvolvimento da Educação Básica (IDEB). Ainda que fosse, a contribuição esperada parece não ultrapassar seu aspecto pragmático e instrumental.

Os motivos para a difícil superação é o fato de que seus objetivos se circunscrevem na esfera do singular, isto é, da escola. Esta, por sua vez, inserida no contexto sócio histórico do capitalismo atual, institucionalmente, é conduzida a desempenhar sua função de reprodução da lógica vigente. E isso representa uma das condições limitadoras das condições postas para a formação docente atual.

Além das questões relacionadas à melhoria da formação docente, o PIBID possui também como pressuposto a responsabilidade de promover o progresso na qualidade da educação básica, como já comentamos. Outra difícil tarefa, visto que seu papel é instrumental. Não poderia ser diferente, considerando a lógica do Estado capitalista que se responsabiliza pela educação pública em nosso país.

Entretanto, não podemos tratar tão somente da lógica reprodutora da escola. Afinal, a educação é uma prática social e, como tal, resulta da ação intencional dos seres humanos, podendo, portanto, desempenhar papel diferente do que lhe é atribuído. Nesse sentido, podemos afirmar que um programa como o PIBID pode, com base na intencionalidade dos que o compõem, cumprir um papel fundamental que vai além da melhoria instrumental e pragmática da educação básica brasileira. Esse livro, por sinal, possui o objetivo de mostrar que ações intencionalmente planejadas para o ensino e a aprendizagem da Matemática Escolar, puderam proporcionar expansões fundamentais para se pensar acerca do tipo de ser humano, de professor, de aluno, de sociedade e de educação que se deseja ter.

Considerações finais

Considerando o aqui discutido, entendemos que o PIBID, mesmo inserido dentro de uma lógica educacional pragmática e instrumentalista, pode se constituir como espaço de reflexão e crítica dessa mesma lógica, desde que assegurado o aporte necessário para que os sujeitos participes possam, realmente, dialogar e instituir uma unidade teórico-metodológica para a formação docente, voltada a uma concepção crítica da educação e formação do humano no homem.

Com efeito, para que isso ocorra, acreditamos ser necessário partir de uma perspectiva que compreenda o sujeito como ser histórico para que tenhamos uma formação docente que valorize não a reprodução, mas sim, a apropriação do conhecimento historicamente produzido pela humanidade, em suas formas mais ricas e universais na educação escolar, como estatutos fundamentais para o desenvolvimento dos indivíduos singulares, e também para o avanço da organização das lutas da classe trabalhadora em direção à possível educação humanizadora que seja capaz de promover a emancipação da humanidade (MOURA et al, 2010).

Nesse viés é premente a necessidade de construção de outra escola, uma que aprofunde a possibilidade de conhecimento da realidade concreta e que instrumentalize para uma crítica ao sistema social posto. Afinal, o conhecimento da realidade é premissa essencial quando se pretende discutir a necessidade de transformação\superação da sociedade que temos.

A escola aqui pensada seria aquela que pertenceria a uma educação substancialmente caracterizada como emancipadora da humanidade e, para tal seria preciso outra organização da atividade pedagógica e outro trato com a forma de oportunizar os conhecimentos científicos aos sujeitos envolvidos no processo. Dessa forma, uma pedagogia do ensino para a aprendizagem pode ser tida como emancipatória quando a educação é pensada e objetivada como um processo que possibilite o desenvolvimento histórico do sujeito, da sociedade e da educação.

Como sabemos, o PIBID compõe a Política Nacional de Formação de Professores e é atravessado por todas as contradições dessa política e das concepções de sociedade e educação anteriormente discutidas. Portanto, como parte dessa engrenagem, suas ações tendem a um pragmatismo e instrumentalismo que limitam o que pressupomos como educação pública de qualidade. Contudo, o pragmatismo e o instrumentalismo não definem a totalidade de seu contorno e entorno, visto que a intencionalidade das ações dos que nele atuam podem transformar sua essência.

REFERÊNCIAS

BRASIL. MEC\Capes. **Portaria nº 096\2013**. Brasília, 2013.

CARVALHO, D. C.; QUINTEIRO, J. A formação docente e o PIBID: dilemas e perspectivas. **EntreVer**. Florianópolis, v. 3, n. 4, p. i-xii, jan.\jun. 2013.

DUARTE, N. **Vygotsky e o aprender a aprender:** crítica às apropriações neoliberais e pós-modernas da teoria vygotskyniana. 4. ed. Campinas: Autores Associados, 2006.

FACCI, M. G. D. **Valorização ou esvaziamento do trabalho do professor?** Um estudo crítico-comparativo da teoria do professor reflexivo, do construtivismo e da psicologia vygotskyniana. Campinas: Autores Associados, 2004.

GIMENO SACRISTÁN, J.; GÓMEZ, A. I. **Compreender e transformar o ensino.** Porto Alegre: Artmed, 1998.

LIBÂNEO, J. C. Didática e Docência: formação e trabalho de professores da educação básica. **Anais...** I Simpósio sobre Ensino de Didática LEPED - Laboratório de Estudos e Pesquisas em Didática e Formação de Professores. 2012.

LIBÂNEO, J. C. A integração entre o conhecimento disciplinar e o conhecimento pedagógico na formação de professores e a contribuição da teoria do ensino de Vasili Davidov. In: LIBÂNEO, J. C. **Adeus professor, adeus professora**. São Paulo: Cortez, 2014.

MARSIGLIA, A. C. G. (Org.). **Pedagogia histórico-crítica**: 30 anos. Campinas: Autores Associados, 2011.

MOURA, M. et al. A Atividade Orientadora de Ensino Como Unidade Entre Ensino e Aprendizagem. In: MOURA, M. (Org.). **A atividade pedagógica na teoria histórico-cultural**. Brasília, DF: Liber Livro, 2010.

MOURA, M. A atividade de ensino como ação formadora. In: CASTRO, A. D.; CARVALHO, A. M. P. de (Orgs.). **Ensinar a ensinar**. São Paulo: Pioneira, 2001.

SANTOS, C. E. F. dos. **Relativismo e escolanovismo na formação do educador**: uma análise histórico-crítica da licenciatura em educação do campo. 2011. 268 f. Tese (Doutorado em Educação) – Universidade Federal da Bahia, Salvador, 2011.

DA INICIAÇÃO À DOCÊNCIA À APROPRIAÇÃO DA ATIVIDADE PEDAGÓGICA

Maria Marta da Silva

Introdução

Esse capítulo terá como foco principal mostrar como os professores de Matemática em formação, ou seja, os sete licenciandos-bolsistas do Subprojeto PIBID de Matemática da Universidade Estadual de Goiás – Campus Quirinópolis, se desenvolveram ao longo do processo de aprendizagem da docência até a apropriação[3] da atividade pedagógica, isto é, mostrar de que maneira compreenderam as mudanças qualitativas sofridas em suas ações formativas. Também como esse processo foi fio condutor da iniciação à docência em Matemática, ou seja, como se apropriaram das especificidades da atividade pedagógica do professor de matemática.

Portanto, pretendemos apreender o movimento de iniciação à docência dos bolsistas desde quando foram postos diante da necessidade de organizar as atividades de ensino em um projeto de formação inicial, até o momento que dão indícios de terem se apropriado da atividade pedagógica do professor de Matemática. Assim como Moura (2006), temos como pressuposto que o ensino como ação formadora deve ser organizado "como um fazer que se aprimora ao fazer" (p. 143). Lembramos que nossa referência sobre a formação inicial não está centrada em qualquer movimento de formação, mas naquele, que busca formar nos professores um pensamento teórico sobre "a interdependência entre o conteúdo de ensino, as ações educativas e os sujeitos que fazem parte da atividade educativa" (MOURA et al, 2010, p. 207). Deste modo, será no

---

3   O termo apropriação aqui será entendido como "um processo sempre ativo, onde o indivíduo precisa realizar uma atividade que reproduza os traços essenciais da atividade acumulada no objeto" (LEONTIEV, 1978, p. 268). Outra característica do processo de apropriação é a de que, por meio dele, são reproduzidas no indivíduo "as aptidões e funções humanas historicamente formadas" (LEONTIEV, 1978, p. 169), ou seja, a apropriação da cultura é o processo mediador entre o processo histórico de formação do gênero humano e o processo de formação de cada indivíduo como um ser humano. Tal processo "é sempre mediatizado pelas relações entre os seres humanos, sendo, portanto, um processo de transmissão de experiência social, isto é, um processo educativo, no sentido lato do termo" (LEONTIEV, 1978. p. 272). O indivíduo forma-se, apropriando-se dos resultados da história social e objetivando-se no interior dessa história. "Essa relação se efetiva sempre no interior de relações concretas com outros indivíduos, que atuam como mediadores entre ele e o mundo humano, o mundo da atividade humana objetivada" (DUARTE, 2004, p. 50-51).

seio das atividades de ensino por eles planejadas e desenvolvidas na escola--parceira que teremos condições de perceber os instantes que denotam o caminhar de aprendizes da docência para sujeitos de suas atividades pedagógicas.

Para que tal caminho possa ser apreendido em seu movimento de objetivação, o capítulo se comporá primeiramente dos princípios teóricos que nos sustentam. Posteriormente, apresentaremos como se efetiva uma organização do ensino de matemática alicerçado nas premissas teóricas da teoria histórico cultural e seus desdobramentos. Por último, dissertaremos sobre as concepções que os professores de matemática em formação possuíam e as que compuseram no movimento de mudança qualitativa de suas ações formativas.

Princípios teóricos

A partir do final do século XX, com a maciça expansão do capitalismo, a educação passou a estar a serviço da globalização e a atividade pedagógica ocupou um lugar de destaque e de referência cultural e política em diversos países, pois se fazia necessário escolarizar as nações. As políticas públicas educacionais consideraram que era essencial ajustar a atividade pedagógica às exigências do capital e passaram a preocupar-se com a formação dos professores. Deste modo, inúmeras foram as ações tendo em vista oportunizar ao professor um diploma de graduação. As ações passaram a ter caráter de urgência: "[...] os professores deveriam efetivar o projeto de escolarização das populações de modo a se adaptar às novas regras de mercado (OLIVEIRA, 2011, p. 2).

Diante da velocidade imperativa deste novo projeto educativo, apresentado principalmente pelos organismos internacionais nos anos de 1990, Libâneo (2014) aponta que a discussão teórica ficou relegada a segundo plano. A formação docente passou a não valorizar o desenvolvimento de um pensamento teórico por parte deste profissional e suas ações de ensino, assumiu um caráter imediatista. Desta forma, os modelos de formação inicial com essa estrutura não reservam tempo suficiente para que a aprendizagem docente ocorra do coletivo para o individual, semelhantemente ao que acontece na realidade escolar (SILVA, 2014).

Em consonância com essa problemática Rubtsov (1996) assume que a formação docente deveria se apresentar de forma que houvesse uma discussão coletiva da problemática concernente à constituição da atividade pedagógica, na qual houvesse a repartição das ações e das operações iniciais, segundo as condições da transformação comum do modelo construído no momento da atividade. Sobretudo, que nesse processo exista a troca de modos de ação, determinada pela necessidade de introduzir diferentes modelos de ação, como meio de transformação comum do modelo. Assim a compreensão mútua se objetivaria, permitindo obter uma relação entre, de um lado, a própria ação e seu resultado e, de outro, as ações de um dos sujeitos em relação ao outro. Nesse processo o planejamento das ações individuais, levaria em conta as ações dos parceiros com vista a obter um resultado comum. Nessa concepção a reflexão, permitiria ultrapassar os limites das ações individuais em relação ao esquema geral da atividade "assim, é graças à reflexão que se estabelece uma atitude crítica dos participantes com relação às suas ações, a fim de conseguir transformá-las, em função de seu conteúdo e da forma do trabalho em comum" (RUBTSOV, 1996, p. 136).

No entanto, grande parte das pesquisas correlatas à formação de professores de Matemática no Brasil apresenta um panorama teórico que difere daquilo que Rubtsov (1996) entende como dimensão coletiva rumo à formação de um pensamento teórico. Assumindo o caráter da individualidade, muitos de nossos contemporâneos defendem que pensemos a formação do professor de matemática de modo a encará-la levando-se em conta o sujeito que reflete individualmente sobre suas próprias ações.

Outra questão relativa à formação de professores de matemática é que o conhecimento adquirido no processo de formação está associado às situações práticas, e este conhecimento pode gerar uma contradição entre as teorias expostas e as teorias implícitas, o que comprometerá uma mudança na atividade pedagógica. Neste sentido, o professor em atividade de formação, como os bolsistas do Subprojeto em questão, deveria entender que:

> [...] prática e teoria caminham juntas, construindo os conhecimentos que o conduzirão ao longo de sua vida profissional, que deve ser vista como parte de um projeto social. E, sendo assim, tem um componente racionalizante de desejo de antecipação do futuro e uma outra existencial, feita de interrogação sobre o sentido de sua evolução individual e coletiva (MOURA, 1999, p. 8).

Imersos nessas questões, devemos assumir a organização da atividade de ensino como núcleo do processo de formação de professores de matemática e de sua consequente ação formativa\educativa. Carecemos de encarar como necessárias às duas dimensões apresentadas por Moura (1996) quando se pensa na organização do ensino:

> [...] a de formação do professor e a de formação do aluno. Ambas têm elementos comuns: a situação-problema, uma dinâmica de solução e uma possibilidade de avaliação. A situação-problema do aluno é a aprendizagem, e a do professor, o ensino. O conjunto de dados para a

solução do problema é o nível de desenvolvimento do professor e o do aluno que permitem a articulação destes dados (1996, p. 32).

Deste modo, a formação do professor de matemática ocorrerá mediante um movimento dialético, ou seja, ao formar o aluno ele torna-se professor. Por conseguinte, este movimento estará mediado pelo modo como o professor satisfaz a sua principal necessidade que é a de ensinar seu aluno com base na organização da atividade de ensino que irá utilizar, configurando - se assim, como sujeito em Atividade.

Quando falamos em Atividade estamos dispostos a assumi-la como conceito e categoria de análise. Isso será feito com base em Leontiev (1978) e, portanto, a Atividade será vista como conceito-chave do processo de mediação no desenvolvimento e na aprendizagem dos sujeitos, sendo considerada como unidade básica para a compreensão do psiquismo e das relações sociais. Para o autor, a base da personalidade humana é o agregado de suas relações com o mundo, que são sociais por natureza e realizadas por meio de suas atividades.

Dessa forma podemos dizer que o professor humaniza o seu derredor por meio de sua atividade pedagógica, ou seja, ele cristaliza suas aptidões e conhecimentos nos seus produtos tomando-se por base o seu trabalho docente. Nesse sentido, é sua atividade pedagógica que estabelece uma relação sua com a realidade objetiva que o circunda, colocando-o em contato com os objetos e fenômenos sobre os quais pode atuar e transformar, transformando--se a si mesmo.

Libâneo (2004) acredita que a teoria da atividade pode auxiliar nos estudos sobre a estrutura da atividade pedagógica e sobre as formas de desenvolvimento do pensamento teórico de professores e alunos. Além disso, pode contribuir para a explicitação de procedimentos e definição de ações e tarefas de aprendizagem e na proposição de métodos e procedimentos de estudo e análise das práticas, em especial nos contextos socioculturais da atividade para promover a transformação de espaços institucionais, como o que é proposto nos objetivos gerais e específicos do PIBID.

Vislumbramos a possibilidade de que o PIBID contribua para aquecer o debate acerca da formação teórica e prática de futuros professores e professoras em exercício. Entretanto, para que essa possibilidade deixe de ser apenas utopia, para que a proposta de superação dos modos de compreensão da atividade pedagógica do professor de matemática realmente se concretize, cremos que precisamos compreendê-la e organizá-la com base em uma abordagem dialética. De acordo com Frigotto (1996) isso prevê uma apreciação das constituições culturais nos aprendizados de formação de professores, como linhas na contextura que tece os acontecimentos histórico-sociais. "Isso significa defender uma formação docente situada numa perspectiva omnilateral[2] de dimensões a serem desenvolvidas, as quais abarcam o nível do desenvolvimento histórico-científico e, também, os planos bio-psíquico, cultural e ético-político" (SILVA, 2014, p. 86).

Nessa linha, a forma como a iniciação à docência e sua consequente aprendizagem da atividade pedagógica foi entendida e desenvolvida no âmbito do Subprojeto em questão, se apresentou como uma proposta de superação do modelo de formação inicial de professores de matemática, num espaço de aprendizagem privilegiado que é o contexto do PIBID. Tal opção coaduna-se ao princípio histórico-dialético em que "as atividades produtivas transformam-se no curso da história na medida em que novas fontes e novas formas de sociedade são formuladas" (SCRIBNER; COLE, 1985, p. 122). Destarte, traçamos uma compreensão dos significados acerca de outra organização para o ensino e a aprendizagem da matemática escolar, entremeada aos modos de como a existência humana aperfeiçoa e é aperfeiçoada no mundo do trabalho material - simbólico, da atividade instrumental-intelectual, das práticas histórico-culturais.

Nessa ótica, acreditamos que a atividade pedagógica se caracteriza pela relação direta com o conhecimento. Ao agir intencionalmente desenvolvendo ações que propendem a beneficiar a aprendizagem de seus alunos, o professor objetiva em seu trabalho o motivo que o estimula. Como atividade voltada a uma finalidade, a atividade pedagógica ocasionada por sua aspiração constitui objetivo e procura concretizá-lo por meio de ações intencionais.

Essa concepção de atividade pedagógica e de sua aprendizagem coloca um desafio para todos os sujeitos envolvidos no processo. Esse desafio está centrado na organização do ensino como proposta de superação para o modelo de formação docente que temos, uma vez que os conhecimentos desenvolvidos historicamente pela espécie humana possam ser apropriados pelos sujeitos a ela pertencentes. Portanto, "o desafio que surge aqui é o de como fornecer ao indivíduo a formação necessária e suficiente para que ele possa promover o salto qualitativo das concepções individuais de mundo àqueles que refletem os conhecimentos universais mais avançados obtidos pela humanidade" (CEDRO, 2008, p. 15).

Provocamos, portanto, o delineamento de um processo de superação do modelo de formação de professores de matemática alicerçados na assunção da teoria histórico-cultural como fundamento para pensarmos os processos de formação humana e de formação de sua individualidade. Procuramos desenvolvê-lo com base em um planejamento compartilhado de ações, reflexões, discussões e avaliações constantes do processo de aprendizagem da docência que estava em curso.

Nessa perspectiva teórica, a aprendizagem da docência não é entendida como mera aquisição de conteúdo ou habilidades específicas, mas como uma passagem para o desenvolvimento psíquico e especialmente humano. Com base nesse posicionamento, afirmamos a necessidade da presença de uma formação docente sistematizada em todas as fases de seu desenvolvimento. Essa postura se consubstancia no ato de que a formação aqui pleiteada consente uma organização consciente dos processos de formação dos indivíduos, por intermédio da organização propositada de um ensino que consinta aos sujeitos a apropriação de conhecimentos, habilidades e formas de comportamentos produzidos pela humanidade.

A organização do trabalho

O que estava em questão durante o desenvolvimento das ações desse Subprojeto PIBID de Matemática, era como a organização do ensino de matemática alicerçada nos pressupostos da Teoria Histórico Cultural e seus consequentes desdobramentos – que nos conduziram à proposta teórico-metodológica das Atividades Orientadoras de Ensino, aqui representadas pelos CAEPI (Conjuntos de Atividades de Ensino Planejados Intencionalmente), poderia impulsionar o desenvolvimento da aprendizagem da docência e, consequente entendimento das questões acerca da constituição de suas atividades pedagógicas.

Para tornar realidade a superação de uma formação inicial fundamentada em teorias sobre o estudo dos próprios fatos, pensamos em uma formação que não caísse no afã de voluntarismos, de práticas pontuais e incompletas, e que se fundamentasse no desenvolvimento do conhecimento teórico.

> Logo, a formação dos docentes demonstra ser um processo incompleto, que não consegue superar as práticas educativas estereotipadas e rotineiras vinculadas a uma perspectiva tradicional do ensino. Tampouco, consegue propiciar uma aprendizagem que seja capaz de oferecer ao indivíduo a possibilidade de se apropriar dos conhecimentos necessários à sua formação como homem livre e universal. Em síntese, a formação docente não consegue propiciar ao professor o entendimento do que é a docência. Dentro desse processo, em nenhum momento os indivíduos percebem o significado e o sentido do trabalho docente (CEDRO, 2008, p. 46).

Ao romper com esse processo, desenvolvemos ações que favoreceram o incremento das habilidades de pensamento tomando-se por base a apropriação da obra cultural da humanidade, já que "as funções mentais específicas não são inatas, mas postas como modelos sociais" (DAVIDOV, 1988, p. 52). Portanto, devemos "[...] estudar como a estrutura da consciência do homem se transforma com a estrutura de sua atividade. Determinar os caracteres da estrutura interna da consciência é caracterizá-la historicamente" (LEONTIEV, 1978, p. 92).

Embasados nesse lastro teórico os CAEPI desenvolvidos pelos bolsistas tinham por objetivo transformarem-se para os alunos da escola-parceira em atividade de aprendizagem, tida como "[...] uma atividade de ensino escolar, intencional, sistematizada e organizada, que objetiva à formação do pensamento teórico" (MOURA et al, 2010, p. 87). Entre os diversos tipos de atividade, ela se destaca por ter como finalidade a autoridade do conhecimento teórico, ou seja, a propriedade de símbolos e instrumentos culturais dispostos na sociedade, adquiridos pela aprendizagem das distintas áreas do conhecimento. Apropriar-se dessas ciências, denota, em derradeira instância, apropriar-se das formas de desenvolvimento do pensamento (SILVA, 2014).

Almejávamos que o espaço de aprendizagem constituído por esse Subprojeto PIBID de Matemática não se baseasse num tipo de método (transmissivo de conteúdos prontos e acabados), mas sim numa forma de organização do ensino que se constituísse em unidade e possibilitasse aprendizagem para os futuros professores e seus alunos.

Para tanto, partimos da pressuposição primeira de que a atividade fundamental do professor seja a organização do ensino que se comporá no próprio ensino. Essa organização é apreendida, de acordo com Moura e outros (2010), como a fixação de ações, seleção de instrumentos, ponderação sobre o processo de ensino e aprendizagem, de modo que todos esses elementos se instituam em atividades humanas.

Ao organizar o ensino respaldado em ações que visam beneficiar a aprendizagem de seus alunos, o professor deve objetivar o motivo que o impele. Ao admitir o desenvolvimento dos CAEPI, com base na Teoria da Atividade de Leontiev, da Teoria do Ensino Desenvolvimental de Davidov e das Atividades Orientadoras de Ensino (AOE) de Moura, é o mesmo que consentir que a atividade docente pode e deve permanecer impregnada de intencionalidade.

Esses conjuntos de atividades elaborados e reelaborados pelos professores em formação, possuíam suas bases teórico-metodológicas alicerçadas na AOE. Teórica por ver a organização do ensino como "atividade referenciada na teoria da atividade, e metodológica por prover ferramentas lógico-metodológicas para a disposição dos conhecimentos a serem ensinados e aprendidos" (SILVA, 2014, p. 145).

Quanto aos CAEPI desenvolvidos, eles funcionaram como elementos mediadores da organização consciente da atividade pedagógica: mediadoras porque encontrar-se em atividade de ensino insinua, por conseguinte, ser conscencioso na ação de ensinar. Isto sugere intencionalidade da ação educativa. Essa consciência é, sobretudo, a de sujeito pertencente a uma coletividade cuja ação tem por desígnio propiciar a constituição do conhecimento com seu coerente desenvolvimento da aprendizagem. Partindo desse pressuposto, os CAEPI poderiam alcançar o objetivo de se construir um modo de produção de conhecimento que se tornasse conteúdo formativo. Para isso, se fez necessário que:

> [...] determinadas ações sejam intencionalmente planejadas – atividades de ensino organizadas pelo professor – para a satisfação de necessidades coletivas do grupo de estudantes, e organizadas de modo a que os motivos coincidam com a finalidade das ações, só assim se constituirão atividade para os sujeitos estudantes (MOURA et al, 2010, p. 97).

A interconexão existente entre a atividade de ensino e a atividade de aprendizagem objetivada nos CAEPI era uma exigência de nossa opção teórica, pois,

> A atividade de ensino do professor deve gerar e promover a atividade do estudante. Ela deve criar nele um motivo especial para a sua atividade: estudar e aprender teoricamente sobre a realidade. Entretanto, considerando que a formação do pensamento teórico e da conduta cultural só é possível como resultado da própria atividade do homem, decorre que tão importante quanto a atividade de ensino do professor é a atividade de aprendizagem que o estudante desenvolve (MOURA et al, 2010, p. 90).

Os CAEPI elaborados e desenvolvidos pelos professores em formação permitiram um ciclo completo no processo criativo do professor. Partiram dos conhecimentos que detinham, mas, ao participarem de uma dinâmica de trabalho em que compartilhavam significados, sofreram modificações no seu objeto principal: criação e desenvolvimento de atividades de aprendizagem que se pautassem pela intencionalidade dos indivíduos, "pelo desenvolvimento dos nexos conceituais do conhecimento que, mediados pelas diversas formas de linguagem, permitem a apropriação dos conhecimentos e a consequente formação de um pensamento teórico. [...] A atividade de ensino assume, portanto, o papel do elemento organizador e formador da aprendizagem dos indivíduos [...]" (CEDRO, 2008, p. 61).

Na organização dos CAEPI os bolsistas também se preocupavam para que estivesse presente a atividade humana saturada dos conteúdos e conceitos matemáticos que se compõem como objetos de trabalho docente na atividade de ensinar vista como unidade. "Ao conceber a atividade de ensino como unidade, entendemos que ela reúne os objetivos de ensino, os conteúdos e, principalmente, uma visão de como ocorre o processo de aprendizagem" (CEDRO, 2008, p. 77). As ações propostas pelo docente em sua atividade de ensino visam responder necessidades de, intencionalmente, organizar o ensino. Desse modo, o caráter objetivo dos CAEPI alicerçados teórico-metodologicamente nas AOE, permite a superação do entendimento de que ela possa ser uma proposta lúdica, uma mera dinâmica usada com o objetivo de causar entretenimento nos alunos.

Nesse sentido, investigamos a história e a historicidade dos conceitos, as necessidades humanas que os motivaram, o movimento histórico de sua produção e a relação desse movimento com a decorrente organização lógica desses mesmos conceitos matemáticos, frequentemente priorizada no espaço escolar, consentindo tal saturação da atividade humana. Os resultados de tais investigações compuseram-se em subsídios para as atividades de ensino dos professores em formação. Ademais, proporcionaram recursos a respeito do movimento lógico-histórico dos conceitos matemáticos que beneficiam a atividade principal desses professores no processo de organização do ensino. Ou seja:

> Assumir a dimensão lógico-histórica do conhecimento pressupõe, na perspectiva do ensino que promove o desenvolvimento, organizar o ensino de forma que o sentido do conhecimento possa ser percebido não apenas na esfera das sensações, mas também na esfera dos processos mentais. [...], isto é, no trabalho mental há um movimento do pensamento que permite compreender os nexos conceituais do conteúdo científico (ARAÚJO, 2013, p. 154).

Portanto, a estrutura teórico-metodológica desse Subprojeto ofertava aos futuros professores elementos que contribuíssem para um processo de aprendizagem da docência balizado numa proposta formativa docente acadêmico-científica, isto é,

> Uma proposta possuidora da hipótese de que os processos formativos não devem somente permitir o reconhecimento e a compreensão das realidades laborais, históricas, culturais e sociais inerentes à prática do professor, mas permitir ao indivíduo a possibilidade de transformá-las e de exercer a condição de sujeito do seu conhecimento (CEDRO, 2008, p. 67).

Dessa forma, os CAEPI desenvolvidos possuíam ações preestabelecidas: definir o modo ou procedimentos de como colocar os conhecimentos em jogo no espaço educativo; selecionar ferramentas assistenciais de ensino e determinar as soluções metodológicas apropriadas a cada objetivo. Tudo foi feito sem nos esquecermos de que "os processos de análise e síntese, ao longo da atividade, são momentos de avaliação permanente para quem ensina e aprende" (MOURA, 2001, p. 155).

A preparação desses conjuntos de atividades foi assinalada todo o tempo como um ato intencional, "[...] o que imprime uma responsabilidade ímpar aos que organizam o ensino" (MOURA, 2001, p. 146). Nessa concepção, os CAEPI se constituíram num modo geral de organização do ensino em que o conteúdo principal é o conhecimento teórico e seu objeto, a modificação do sujeito no movimento de apropriação desses conhecimentos. O professor, ao organizar o processo de ensinar, atribui qualidade a seus conhecimentos, por isso atividades desse norte - orientadoras do ensino - revelam-se como unidade integradora de formação docente e discente.

Outro fator notabilizado durante o desenvolvimento de nossas ações com o objetivo de superar o modelo de formação vivenciado foi admitir o compartilhamento como definição da organização das ações particulares em determinada situação-problema comum aos indivíduos. Essa escolha passa, por conseguinte, pela identificação das propriedades do objeto, bem como por sua alteração e criação de implicações comuns, ou seja: "o compartilhamento das ações se manifesta em uma atividade cognitiva produtiva por meio de um nível elevado de estruturação da atividade intelectual, e num intensificado da reflexão, do controle e da avaliação" (POLIVANOVA, 1996, p. 151). Dessa forma, os CAEPI preparados pelos professores em formação tornaram-se fonte de produção de conhecimento.

Compete-nos esclarecer que esses CAEPI necessitavam proporcionar condições para que os futuros professores alcançassem ações de aprendizagem. Para tanto, a ação de avaliação se fez componente inseparável do planejamento e da execução da atividade. Pretendíamos apreender o processo de apreciação e fusão da relação entre a atividade de ensino elaborada pelo professor e a atividade de aprendizagem realizada pelo estudante. Esperávamos que eles se vissem como professores e se colocassem como tal em todas as suas funções. Que no processo de "aprendizes" do ensino fossem capazes de desenvolver seu pensamento teórico e o de seus alunos. Aspirávamos que, [...] em atividade de ensino continuassem se apropriando de conhecimentos teóricos que lhes permitissem organizar ações que possibilitem ao estudante a apropriação de conhecimentos teóricos explicativos da realidade e o desenvolvimento do seu pensamento teórico, ou seja, ações que promovam a atividade de aprendizagem de seus estudantes (MOURA et al, 2010, p. 90-91).

Desse modo, uma das responsabilidades docentes salientadas por nós é a de que o professor deve organizar atividades de ensino que favoreçam o desenvolvimento discente e assim permitir o surgimento da ambição de aprender, uma vez que esse não é um desejo natural, mas arquitetado historicamente. Construir o motivo de aprender é fundamentalmente uma função docente. No caminho dessa construção, pensamos que se faz necessário que o leitor possua ao menos uma noção reduzida da estrutura de cada CAEPI, conforme segue abaixo o Quadro 1 com a estrutura do CAEPI que tratou do conceito de Fração.

Quadro 1 – Estrutura do Primeiro CAEPI

Conceito Série	Sequência de Ações	Procedimentos
Frações 6º e 7º	Situação Desencadeadora da Aprendizagem	Instituímos um ambiente virtual (criamos dentro da sala uma representação do antigo Egito, as cheias do rio Nilo, em que eles eram os estiradores de corda que trabalhavam para o faraó) no qual colocamos os alunos num processo que os permitiu reviver as ações e operações desenvolvidas pelos estiradores de corda às margens do rio Nilo. Tínhamos como objetivo nuclear estabelecer uma aprendizagem da docência que se realiza concomitante ao ensino de matemática da\na educação básica, como também criar situações que gerem no aluno da escola-parceira a necessidade de apropriar-se do conceito matemático de Fração.
	Síntese histórica para apreensão do movimento de surgimento do conceito de Fração.	Apresentação de slides em que se pode demonstrar o movimento lógico-histórico sobre o surgimento do conceito matemático de fração. Tínhamos como objetivo que eles percebessem quais necessidades humanas conduziram o homem a criar e desenvolver esse conceito matemático.
	Situação Coletiva	Momento em que se fez uso da mediação intencional docente, no qual os bolsistas agindo como professores conduziram os alunos aos entendimentos matematicamente corretos sobre o conceito trabalhado.

Fonte: Elaborado pela autora.

Cada CAEPI possuía particularidades únicas, afinal, tinham objetivos nucleares diferenciados e eram mediados por conteúdos matemáticos também diferenciados, além de serem realizados em séries e semestres diferentes. Portanto, íamos adequando nossas situações desencadeadoras de aprendizagem às nossas necessidades de organização do ensino e aprendizagem de matemática para cada turma, como podemos ver no Quadro 2

Quadro 2 – Estrutura do Segundo CAEPI

Conceito Série	Sequência de Ações	Procedimentos
Área 6º, 7º e 8º	Situação Desencadeadora da Aprendizagem	Com base em uma história virtual que consta em Silva (2014) sendo que a mesma gira em torno de um personagem chamado "Xinavane" criamos caminhos metodológicos alicerçados em nosso lastro teórico que permitiram com que os bolsistas realizassem o planejamento compartilhado de sua atividade pedagógica e concomitantemente a isso os alunos daquelas séries pudessem ter necessidades geradas pela história virtual, em aprender o referido conceito matemático.
	Breve relato historiográfico para apreensão do movimento de surgimento do conceito matemático de área.	Tínhamos como objetivo que eles percebessem quais necessidades humanas conduziram o homem a criar esse conceito matemático.

Fonte: Elaborada pela autora.

Percebemos durante o desenvolver dos CAEPI nas salas de aula que a situação desencadeadora que mais surtia efeito, ou seja, que melhor desencadeava uma "vontade" coletiva de resolver os problemas propostos por nossas atividades, era quando fazíamos isso por intermédio de histórias virtuais. Esse fora o motivo maior pelo fato de repetirmos essa opção metodológica para compor nossas situações desencadeadoras de aprendizagem como podemos observar nos Quadros 3 e 4.

Quadro 3 – Estrutura do Terceiro CAEPI

Conceito Série	Sequência de Ações	Procedimentos
Polígonos e Poliedros 6º, 7º, 8º	Situação Desencadeadora da Aprendizagem	A situação desencadeadora da aprendizagem desse CAEPI foi norteada tanto por uma história virtual quanto por dois vídeos desenvolvidos pelos alunos. Os tais vídeos também possuíam suas trilhas sonoras. A história virtual tinha como personagem principal um dos bolsistas que representava "Platão" e o mesmo trazia aos alunos a tarefa de salvar o planeta Terra de situações degenerativas causadas pelo descaso com os recursos naturais. O enredo da história virtual possuía elementos interdisciplinares: geometria e educação ambiental.
	Síntese historiográfica acerca do surgimento e desenvolvimento do conceito de Polígonos e Poliedros	Apresentação de slides contendo uma sequência do movimento de surgimento dos referidos conceitos matemáticos. Tínhamos como objetivo que eles compreendessem porque a espécie humana cria e aperfeiçoa determinados conceitos matemáticos.

Fonte: Elaborada pela autora

Quadro 4 – Estrutura do Quarto CAEPI

Conceito Série	Sequência de Ações	Procedimentos
Potenciação e Função exponencial 9º	Situação Desencadeadora da Aprendizagem	Nesse CAEPI em especial fora desenvolvida pelos bolsistas uma história em quadrinho (HQ). A referida HQ foi apresentada aos alunos na forma de gibi. Tanto o enredo da história como as ilustrações foram feitas pelos bolsistas. A referida HQ possuía como título: 2 Reinos, 2 Corações e 1 Estratégia de Ensino. Tal história virtual pretendia criar nos alunos a necessidade de se apropriarem dos conceitos de potenciação e posteriormente, de função exponencial
	Síntese histórica para apreensão do movimento de surgimento do conceito de Juros.	Apresentação de slides contendo uma sequência lógico-histórica sobre o surgimento do conceito de potenciação e função exponencial. Tínhamos como objetivo que eles percebessem quais necessidades humanas acarretaram o surgimento desse conceito.
	Síntese Coletiva	A síntese coletiva desse CAEPI estava estritamente ligada à história virtual. Tanto é que ela foi realizada conjuntamente ao desenrolar da HQ. Como nas demais sínteses coletivas, houve preocupação em conduzir os alunos ao que é tido como matematicamente correto para cálculos que envolvam os referidos conceitos matemáticos.

Fonte: Elaborada pela autora.

Fica evidente que a estrutura organizativa dos CAEPI não é fixa. Os mesmos se encontram organizados de acordo com a intencionalidade do grupo em focar um ou outro aspecto que considera fundamental para o ensino de cada conceito matemático desenvolvido. O quinto e último CAEPI sintetizado no Quadro 5 deixa isso evidente.

Quadro 5 – Estrutura do Quinto CAEPI

Conceito Série	Sequência det Ações	Procedimentos
Números e Sistemas de Numeração 6º ano	A SDA e a Síntese histórica do conceito	A SDA proposta nesse CAEPI tem a história da matemática como mediadora da significação dos conceitos matemáticos em que a mesma estabelece um movimento de apropriação conceitual necessário para a compreensão da gênese conceitual, ou seja, da essência dos objetos matemáticos. Dessa forma entendemos a síntese histórica do conceito de números e sistema de numeração como o centro formador do movimento, da compreensão da verdadeira essência que os alicerçam sem a qual não seria possível o desenvolvimento do referido CAEPI. Nesse pensamento, utilizamos a síntese histórica dos conceitos de números e sistema de numeração para recriar parte do processo real (apenas suas características essenciais) de formação dos mesmos, com o intuito de conduzir de forma simplificada, mas não menos efetiva, os meios de apropriação necessários para o desenvolvimento desses conceitos matemáticos. Para que isso seja possível é necessário criar condições para que os indivíduos se inteirem, se apropriem do movimento real da construção dos conceitos, e compreendam a SDA como a mediadora desse processo. A SDA pode ser representada por díspares meios, jogos, situações emergentes do cotidiano e a história virtual dos conceitos. Na estruturação do CAEPI aqui em questão, a síntese histórica dos conceitos de Números e Sistema de Numeração, foi o contexto que deu origem a história virtual. Daí a importância do entendimento da gênese dos conceitos no planejamento de uma SDA. Essa história virtual (O Desafio de Tigal), teve como finalidade colocar os sujeitos defronte a uma situação-problema, com o intuito de conduzi-los de forma intencional à solução de um problema.
	Síntese Coletiva	A síntese coletiva desse CAEPI estava estritamente ligada à história virtual. Foram momentos em que tínhamos como objetivo conduzir os alunos ao que estava posto como matematicamente correto para os conceitos matemáticos de números e sistemas de numeração. Durante a síntese coletiva estava claro a nós que não queríamos apenas ensinar o conteúdo números e sistemas de numeração, mas sim a intenção de promover o desenvolvimento do pensamento teórico, e para isso não basta somente conhecer os processos técnicos do conhecimento aplicáveis em situações imediatas, como comumente é realizado em nossas salas de aula de Matemática. A fim de superar esse tecnicismo do ensino de Matemática, as ações concernentes a síntese coletiva permitia aos alunos se movimentarem entre a síntese histórica dos conceitos e a SDA a eles ofertada, no caminho de compreensão e entendimento dos nexos internos dos referidos conceitos.

Fonte: Elaborada pela autora.

No tocante às ações de aprendizagem concretizadas pelos referidos professores em formação, elas se tornaram foco de exame para conjecturar sobre os atributos da sua ação docente. De igual modo, a organização do ensino é uma atividade em que os conhecimentos teóricos instituem sua substância fundamental. Os conjuntos de atividades aparelhados na conceituação das atividades orientadoras de ensino "tornaram-se a maneira genérica de organização considerada a situação coletiva e gênese do conceito, como faces de um processo que deve se objetivar na situação desencadeadora de aprendizagem" (SILVA, 2014, p. 135). Nesse movimento de organizar o processo de ensino, o professor qualifica seus conhecimentos. Em razão disso, o alicerce de organização dessas ações estabelece a união de formação docente-discente.

Acreditamos que as orientações teórico-metodológicas fornecidas por essa modalidade de atividades docentes, balizadas na atividade orientadora de ensino, cujas pressuposições aportam nas questões fundamentais da perspectiva histórico-cultural, são basilares para a organização do ensino e cooperam para que a educação e a escola desempenhem sua colocação principal, qual seja, a de autorizar a apropriação dos conhecimentos teóricos pelos alunos e consentir a efetivação de seus processos de mudança qualitativa das ações formativas.

A mudança qualitativa das ações formativas

A formação inicial do futuro professor de Matemática está diretamente relacionada com a possibilidade deste profissional inserir-se no ambiente da Escola Pública, para conhecer, experimentar e vivenciar a problemática que a caracteriza, no intuito de suscitar-lhe o desejo permanente de aperfeiçoamento formativo como também a aquisição de prática efetiva do exercício de atividades relacionadas ao ensinar e aprender matemática, considerando as especificidades do ambiente escolar.

Por outro lado, não é de hoje que a questão da formação inicial do professor de matemática é abordada, constituindo ainda assim, foco de atenção de formadores de professores em todos os níveis acadêmicos. Sem dúvida, no que tange a mudança qualitativa das ações formativas, não podemos negar que para que isso aconteça faz-se necessário que haja a discussão e reflexão sobre elementos dessa particular atividade pedagógica.

Outro fator que elencamos como preponderante para que tais mudanças qualitativas se objetivassem entre os bolsistas foi o contato gradativo e sistemático com o futuro campo de trabalho, com as situações escolares em diferentes níveis de ensino, possibilitando ao futuro professor reconhecer limites e potencialidades da organização do ensino que ele ensejava no seio do PIBID. Assim, podia observar, analisar, construir e testar possíveis ações para remediar ou suprir as necessidades teórico-práticas com as quais entrará em contato no exercício de sua atividade pedagógica.

Visto inicialmente como uma extensão do Estágio Curricular Obrigatório na subárea de matemática, hoje podemos afirmar que o PIBID surpreendeu por ir mais além. Por permitir uma mudança do sentido pessoal no processo de aprendizagem da docência do professor de matemática. Torna-se imprescindível este apontamento, pois como nos diz Leontiev (2006), para que possamos encontrar o sentido pessoal, no caso dos bolsistas perante as suas ações, devemos descobrir os motivos que lhes correspondem.

Neste movimento dialético de formação inicial, o próprio formador se transforma por meio de sua atuação, pela interação com o outro e com o conhecimento. Ou seja, ocorrerá em ambos, sujeito participante e formador, uma mudança de sentido pessoal, pois ambos estarão em atividade.

Para o alcance desse objetivo, os professores em formação necessitavam transformar suas atividades docentes, ou seja, reestruturar sua prática, promover mudanças qualitativas nas mesmas. Assim, surgiu a afirmação por nós engendrada: o ponto fulcral dos CAEPI reside no conceito de transformação. Engeström (2005) a define como agitações horizontais de informação, de inclusão ativa, de transposição de fronteiras, justamente o caminho ao qual intencionalmente os professores em formação percorriam. "Transformação significa a mudança de um objeto internamente, tornando evidente sua essência e alterando-o" (DAVIDOV, 1999, p. 42). Essa constatação nos conduz à compreensão da natureza autor regulatória da transformação que permite aos seres humanos irem além das determinações do contexto histórico-cultural e "encontrar meios que ultrapassem as possibilidades de uma dada situação" (DAVIDOV, 1990, p. 127). Assim, transformação é autotransformação, é atividade prática e crítica de reprodução de instrumentos e resultados que permite demudar o objeto ao mesmo tempo em que cria as condições necessárias para tornar outras apropriações possíveis.

Esse entendimento implicou como subsídio teórico para que compreendêssemos o processo de apropriação vivenciado pelos professores em formação: atividade docente reestruturada, sugerindo outra formulação para a atividade pedagógica, com equivalência constante entre os processos de ensino e aprendizagem, implicando uma mudança qualitativa das ações, denotando coerente aprendizagem da atividade pedagógica do professor de matemática, como indicamos na Figura 1.

FORMAÇÃO DO PROFESSOR DE MATEMÁTICA:
a aprendizagem da atividade pedagógica no PIBID

Figura 1 – A equivalência entre os processos de ensino e de aprendizagem

Fonte: Elaborada pela autora.

Neste sentido, Leontiev (2006) acrescenta ainda que só quando analisamos o conteúdo da atividade em desenvolvimento, é que podemos compreender "o papel condutor da educação e da criação, operando precisamente em sua atividade e em sua atitude diante da realidade, e determinando, portanto, sua psique e sua consciência" (p. 63). Nesta direção, os sinais de mudança qualitativa das ações formativas dos bolsistas, podem ser notados no Quadro 6 abaixo.

Quadro 6 – As concepções dos bolsistas acerca da atividade pedagógica do professor de Matemática

Concepções acerca da atividade pedagógica do professor de Matemática		
Bolsistas		Embasamento Teórico
Antes do início das ações do Subprojeto	Durante planejamento e desenvolvimento dos CAEPI	Sustentação teórica para compreensão do movimento de mudança qualitativa nas ações formativas dos bolsistas
Para ser professor de Matemática é necessário saber Matemática, quem sabe, ensina. Cada um do seu jeito. (Bolsista 1)	Só saber Matemática não é suficiente, tem que saber como ensinar. E podemos aprender esse como ensinar com o outro, compartilhar os erros e acertos de nossas ações, e depois, o que construirmos será nosso, de todos, da coletividade, não só de um (Bolsista 2).	Compartilhamos com a dinâmica utilizada pelos bolsistas em planejar, desenvolver e discutir coletivamente o resultado das ações, pois segundo Cedro (2008, p. 146) "ao colocarmos o futuro professor em um movimento de discussão da sua atividade de ensino, estamos propiciando momentos em que ele, inicialmente, vivencia o compartilhamento das ações para, posteriormente, refletir e tomar consciência do processo de produção e apropriação coletiva do conhecimento".

continua...

... continuação

| Concepções acerca da atividade pedagógica do professor de Matemática ||
Bolsistas	Embasamento Teórico
O importante é dominar o conteúdo que vamos ensinar lá na escola. Já estão prontos e acabados no livro e só estudar. Como vamos fazer isso? Como sempre fizeram conosco, usando aula expositiva? (Bolsista 3)	Os conceitos matemáticos que serão o núcleo dos CAEPI não surgiram do nada. São resultado do desenvolvimento sócio histórico humano. Então, não estão nunca prontos e acabados. Acredito que a estrutura dos CAEPI que se baseia nas AOE dará conta de um resultado melhor na sala de aula. Acho que não queremos mais aula expositiva, passar conhecimento pronto não funciona mais. (Bolsista 4)	No entanto, concordamos com Leontiev (2004) quando o autor esclarece que seria impossível o processo de educação, sem que houvesse às gerações futuras, a transmissão dos resultados do desenvolvimento sócio histórico, inclusive para a produção de novos conhecimentos. Por conseguinte, a preocupação dos bolsistas, nos mostra o sentido pessoal por elas atribuído em relação ao tipo de abordagem teórico-metodológica que utilizariam para trabalhar os conceitos que mediavam os CAEPI. Provenientes de um universo de significação no qual as abordagens tradicionais geralmente são criticadas, os bolsistas temiam comprometer suas ações caso utilizassem uma estratégia de transmissão e exposição de conteúdos na lousa para explicar o significado dos conceitos matemáticos a serem trabalhados.
Toda vida escutei que se aprende melhor brincando, que a brincadeira ensina mais que a aula tradicional. Então, temos que colocar um jogo nesse CAEPI de área e perímetro. (Bolsista 7)	Sempre pensei também que se tem brincadeira, jogo ou qualquer coisa do gênero na aula de Matemática isso já seria o suficiente para garantir o ensino e a aprendizado deles. Mas agora vejo que não é bem assim. Se vamos usar esse jogo nesse CAEPI de área e perímetro tem que ter um objetivo. Jogar só por jogar não basta. Se estamos em atividade eles também devem ser colocados em atividade. (Bolsista 5).	Percebe-se que há uma preocupação por parte dos bolsistas, em apresentar uma atividade, na qual, os alunos aprendam num universo lúdico, entretanto, acreditam que a brincadeira por si só não é capaz de conduzi-los a aprendizagem do conceito matemático presente naquele CAEPI. Não que sejamos contra a utilização de brincadeiras, o que acontece é que não podemos perder nossa intencionalidade ao desenvolver uma tarefa de estudo, ou seja, fazer com que o aluno se aproprie do conceito que a tarefa propõe desenvolver. Na verdade, o tipo de ativismo que criticamos pode ser demonstrado por atividades com uso de jogos, nas quais os mesmos são ofertados aos alunos sem qualquer objetivo que não seja diverti-los. Este fato indica mudanças qualitativas nas ações formativas dos bolsistas alicerçadas em concepções teóricas de Davidov (1988) em que o mesmo ressalta que no processo de escolaridade ao selecionarmos as tarefas de estudo, os alunos estarão inseridos em um movimento que os coloca em atividade.

continua...

FORMAÇÃO DO PROFESSOR DE MATEMÁTICA:
a aprendizagem da atividade pedagógica no PIBID

... continuação

Concepções acerca da atividade pedagógica do professor de Matemática	
Bolsistas	**Embasamento Teórico**
Na hora de planejar as aulas é importante que o conteúdo que vamos ensinar tenha relação com o que está acontecendo agora, que sirva de instrumento para o aluno usar hoje e agora. (Bolsista, 6) A organização do ensino de Matemática deve ir muito mais além do imediatismo, isto é, não deve servir só para o hoje e agora. Temos que saber como os conceitos surgiram e se desenvolveram. Como e porque foram criados. Os conceitos matemáticos são mais do que somente ferramentas para resolver os problemas de hoje, afinal o ontem também já foi hoje, não é verdade. (Bolsista, 6).	Na organização do ensino de matemática que tenha como finalidade o desenvolvimento dos alunos, as ações e operações realizadas pelo professor na escolha dos conteúdos que irá ensinar solicitam que sejam levadas em conta não somente os conhecimentos que representem a contemporaneidade em seus múltiplos aspectos culturais ou a apropriação de técnicas para o uso imediato do conhecimento, mas torna-se imprescindível que sejam resgatados também os processos históricos de elaboração dos conceitos teórico-científicos-matemáticos. Afinal de acordo com Bernardes (2009, p. 240) "a análise da essência do conhecimento sócio histórico é preponderante para que os alunos se apropriem das elaborações materiais e ideais sem as quais não é possível a superação da condição empírica e espontânea proporcionada pela socialização presente nas relações entre os indivíduos e a sociedade fragmentada no processo da alienação.

Fonte: Elaborada pela autora.

  Como defendemos, os momentos de intervenção, devem garantir o desenvolvimento do pensamento teórico e, por consequência, a mudança de sentido pessoal no professor em formação. Os bolsistas, no decorrer do processo de formação inicial poderão ser levados a refletir sobre sua ação de modo a ser conduzido a um movimento de mudança qualitativa de suas ações, o que o liberta de modelos formativos pautados nas percepções imediatas dos fenômenos educacionais e na separação entre ensino e aprendizagem.

  A correspondência entre as finalidades, de ensino e de aprendizagem da matemática, presentes na atividade de ensino e na atividade de aprendizagem não ocorreram de forma natural ou espontânea do planejamento da atividade pedagógica. Ficou claro que a correspondência entre as atividades particulares do professor e do aluno somente se tornaram possíveis quando os sujeitos envolvidos no processo passaram a ter consciência do lugar social que ocupavam na organização do contexto ao qual faziam parte.

  A constituição da consciência do lugar social do professor foi desenvolvida na coletividade das ações do Subprojeto PIBID em questão. Foi por meio do trabalho coletivo na universidade e na escola, do processo de estudo compartilhado, que os aprendizes da docência passaram a assumir níveis mais claros e mais desenvolvidos de consciência sobre o seu lugar social como representante de uma classe de trabalhadores que detém a possibilidade de transformação da sociedade por meio do desenvolvimento da consciência dos indivíduos com que se relaciona em sua cotidianidade.

Também foi possível percebermos que os professores em formação se educaram durante o desenvolvimento da própria atividade pedagógica. Esse entendimento tem como fundamento o lugar social ocupado pelo professor, lugar esse onde lhe é atribuído funções de organizar o ensino, definir conteúdos e criar situações desencadeadoras da atividade de aprendizagem a serem realizadas pelos alunos. Nesse processo coletivo de estudo e em razão das mediações que promove, o próprio professor como aqui notamos, é igualmente educado.

Concebe-se, portanto, que, além dos conhecimentos que os bolsistas tiveram que se apropriar acerca dos fundamentos teórico-metodológicos que definiriam suas ações, os quais proporcionaram transformações em si e nos alunos, além dos conhecimentos que necessariamente precisariam ter para ensinar os conteúdos matemáticos escolares, também se formaram no movimento de organização do ensino. Por meio do processo de análise e síntese da elaboração da organização das ações orientadas para o ensino e a aprendizagem dos conceitos matemáticos, os professores em formação transformaram-se, modificaram-se, em virtude da necessidade de definir suas ações e operações na atividade pedagógica que possibilitassem a concretização da aprendizagem por parte dos alunos.

Conclusões

Como elencado antes, faz-se necessário repensar a formação de professores de matemática, desde a aprendizagem da docência até a apropriação das especificidades da atividade pedagógica em si. Tal processo deve ser fecundo para um debate em torno do aprender e ensinar a matemática, momentos em que novos saberes podem vir à tona, possibilitando outra organização da atividade pedagógica do professor de matemática.

Isso terá que acontecer nas universidades, levando-se em consideração não só o universo do ensino superior, mas repensar essa relação com a realidade escolar na qual o aluno e o professor em formação compreendam-se como sujeitos em construção de uma representação social decorrente da experiência vivida na interação social, mergulhada em um contexto histórico e cultural. Nesse sentido, entende-se que as representações sociais apresentadas pelos sujeitos envolvidos são decorrentes, em grande parte, da natureza das relações estabelecidas cotidianamente no interior da escola.

Acreditamos que com base nas reflexões proporcionadas pela qualidade da organização do ensino de matemática aqui realizadas, os bolsistas passaram a ter consciência das limitações de seu universo de significação e a mediar a apropriação daquele que ele forma, pois tornou-se objeto, resultado de uma ampla prática social.

Acreditamos que os bolsistas, ao se relacionarem com a prática na escola-parceira, puderam aprimorar a atividade de ensino que haviam organizado. E isso comprova que no processo que estavam imersos o suporte teórico conceitual fundamentava o conteúdo a ser ensinado. Caso contrário, nossa análise sobre a prática irá incorrer puramente aos ativismos vazios (VIGOSTSKI, 1998), os quais, não garantem o desenvolvimento e a apropriação conceitual desejada para a formação da genericidade humana (CEDRO, 2008).

Concluímos que a permanência desses professores em formação nesse espaço de aprendizagem da docência especial – o PIBID - permitiu-lhes vivenciar a função mediadora da educação com as outras esferas sociais e sua especificidade na reprodução do ser social por meio do processo de apropriação e transmissão da cultura do gênero humano aos indivíduos. Afinal, se hoje presenciamos um ensino-aprendizagem da matemática escolar que não exerce plenamente sua função de permitir que o sujeito se aproprie dos conceitos matemáticos como bens humanos historicamente construídos, devemos lutar por outra realidade humana, que tenha em seu eixo fundamental produtivo entre os indivíduos a plena e livre organização dos homens no processo de apropriação das ferramentas matemáticas, construídas pelo e para a autoconstrução humana.

REFERÊNCIAS

ARAÚJO, E. S. Rubinstein: Um grande psicólogo, uma grande personalidade. In: LONGAREZZI, A.; PONTES, R. **Ensino Desenvolvimental**: vida, pensamento e obra dos principais representantes russos. Uberlândia: EDUFU, 2013.

BERNARDES, M. E. M. Ensino e aprendizagem como unidade dialética na atividade pedagógica. **Revista Semestral da Associação Brasileira de Psicologia Escolar e Educacional (ABRAPEE)**, v. 13, n. 2, jul./dez., 2009.

CEDRO, W. L. **O motivo e a atividade de aprendizagem do professor de matemática:** uma perspectiva histórico-cultural. 2008. 242 p. Tese (Doutorado em Educação: Ensino de Ciências e Matemática). Faculdade de Educação, Universidade de São Paulo. São Paulo, 2008.

DAVIDOV, V. **La enseñanza escolar y el desarrollo psíquico:** investigación teórica y experimental. Moscú: Editorial Progreso, 1988.

_____. On the place of the category of activity in modern theoretical psychology. In: LEKTORSKY, V. P. (ed.). **Activity**: the theory, methodology and problems. Orlando: Paul M. Deutsche Press, 1990.

_____. A contribuição de Vygotsky para o desenvolvimento da psicologia. In: DANIELS, H (Org.). **Vygotsky em foco**: pressupostos e desdobramentos. 4. ed. São Paulo: Papirus, 1999.

DUARTE, N. Formação Do Indivíduo, Consciência e Alienação: O Ser Humano na Psicologia De A. N. Leontiev. **Cad. Cedes**, Campinas, v. 24, n. 62, p. 44-63, abr., 2004.

ENGESTRÖM, Y. From individual action to collective activity and back: developmental work research and an interventionist methodology. In: RÜCKRIEM, G. (ed.). **Developmental Work Research**: expanding activity theory in practice. Berlin: Lehmanns Media, 2005.

FRIGOTTO, G. A formação e a profissionalização do educador: novos desafios. In: SILVA, T. T. Da; GENTILI, P. (Orgs.). **Escola S. A:** quem ganha e quem perde no mercado educacional do neoliberalismo. Brasília, CNTE, 1996.

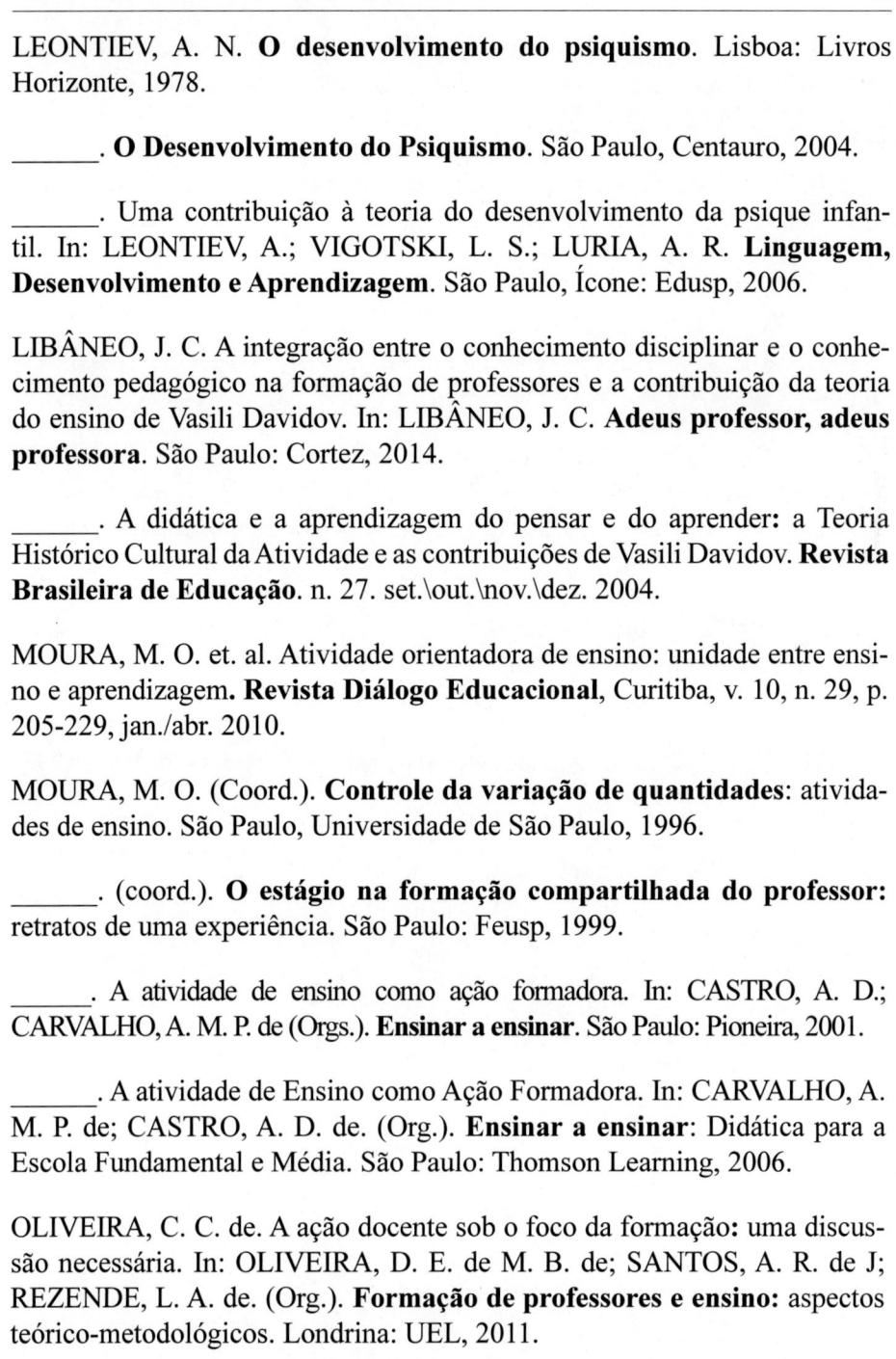

LEONTIEV, A. N. **O desenvolvimento do psiquismo**. Lisboa: Livros Horizonte, 1978.

_____. **O Desenvolvimento do Psiquismo**. São Paulo, Centauro, 2004.

_____. Uma contribuição à teoria do desenvolvimento da psique infantil. In: LEONTIEV, A.; VIGOTSKI, L. S.; LURIA, A. R. **Linguagem, Desenvolvimento e Aprendizagem**. São Paulo, Ícone: Edusp, 2006.

LIBÂNEO, J. C. A integração entre o conhecimento disciplinar e o conhecimento pedagógico na formação de professores e a contribuição da teoria do ensino de Vasili Davidov. In: LIBÂNEO, J. C. **Adeus professor, adeus professora**. São Paulo: Cortez, 2014.

_____. A didática e a aprendizagem do pensar e do aprender: a Teoria Histórico Cultural da Atividade e as contribuições de Vasili Davidov. **Revista Brasileira de Educação**. n. 27. set.\out.\nov.\dez. 2004.

MOURA, M. O. et. al. Atividade orientadora de ensino: unidade entre ensino e aprendizagem. **Revista Diálogo Educacional**, Curitiba, v. 10, n. 29, p. 205-229, jan./abr. 2010.

MOURA, M. O. (Coord.). **Controle da variação de quantidades**: atividades de ensino. São Paulo, Universidade de São Paulo, 1996.

_____. (coord.). **O estágio na formação compartilhada do professor:** retratos de uma experiência. São Paulo: Feusp, 1999.

_____. A atividade de ensino como ação formadora. In: CASTRO, A. D.; CARVALHO, A. M. P. de (Orgs.). **Ensinar a ensinar**. São Paulo: Pioneira, 2001.

_____. A atividade de Ensino como Ação Formadora. In: CARVALHO, A. M. P. de; CASTRO, A. D. de. (Org.). **Ensinar a ensinar**: Didática para a Escola Fundamental e Média. São Paulo: Thomson Learning, 2006.

OLIVEIRA, C. C. de. A ação docente sob o foco da formação: uma discussão necessária. In: OLIVEIRA, D. E. de M. B. de; SANTOS, A. R. de J; REZENDE, L. A. de. (Org.). **Formação de professores e ensino:** aspectos teórico-metodológicos. Londrina: UEL, 2011.

POLIVANOVA, N. Particularidades da solução de um problema combinatório por estudantes em atuação de cooperação. In: GARNIER, C.; BEDNARZ, N.;

ULANOVSKAYA, I. (Orgs.). **Após Vygotsky e Piaget**: perspectiva social e construtivista escola russa e ocidental. Porto Alegre: Artes Médicas, 1996.

RUBTSOV, V. V. A atividade de aprendizado e os problemas referentes à formação do pensamento teórico dos escolares. In.: GARNIER, C.; BERNARZ, N.; ULANOVSKAYA, I. **Após Vygotsky e Piaget:** perspectivas social e construtivista - escolas russa e ocidental. Porto Alegre, RS: Artes Médicas, 1996.

SCRIBNER, S.; COLE, M. **The Psychology of Literacy**. Cambridge MA: Harvard University Press, 1985.

SILVA, M. M. **Estágio Supervisionado**: o planejamento compartilhado como organizador da atividade docente. Dissertação de Mestrado, Goiânia, Programa de Mestrado em Educação Ciências e Matemática, Universidade Federal de Goiás. 2014.

SOUSA JÚNIOR, J. de. Princípio educativo e emancipação social: validade do trabalho e pertinência da práxis. In: REUNIÃO ANUAL DA ANPED, 33, 2010, Caxambu. **Anais**... Caxambu, MG: ANPEd, 2010.

VIGOTSKI, L. S. **Psirrologia iskusstva**. Minsk: Sovremennoie slovo, 1998.

2 REINOS, 2 CORAÇÕES E 1 ESTRATÉGIA DE ENSINO DA POTENCIAÇÃO

Ivo Augusto Zuliani de Moraes
Sarah Leticia Silva Machado de Melo
Sarah Cristina Maria Silva

Introdução

Pensando no papel do professor como organizador do ensino, tendo em vista que "a prática educativa, desenvolvida de maneira eficaz e organizada, vai sendo construída como resultado da aprendizagem ao organizar o seu ensino" (LOPES, 2004, p. 151) e mediados pelos pressupostos da Teoria Histórico-Cultural de Vigotski e da Teoria da Atividade de Leontiev; optamos por criar um CAEPI sendo o mesmo apoiado teórico-metodologicamente na AOE de Moura (1996), para ensinar potenciação em nonas séries do ensino fundamental, sendo estas duas das oito salas que o Subprojeto PIBID de Matemática desenvolve atividades (as outras são dois sextos, dois sétimos e dois oitavos anos).

Justificamos essa nossa opção por acreditarmos que o ensino de matemática como está posto em nossa realidade nas salas de aula da educação básica já não tem dado conta de permitir que os alunos vejam a matemática como uma ciência que dá respostas às necessidades especificadamente humanas. Mantendo-se assim, alheio ao seu ensino e aprendizagem, como se a matemática não fizesse parte de sua própria história e existência como ser humano.

Escolhemos a estrutura teórico-metodológica da AOE para alicerçar nossas atividades de ensino, por a entendermos como uma atividade que "se estrutura de modo a permitir que os sujeitos interajam, mediados por um conteúdo negociando significados, com o objetivo de solucionar coletivamente uma situação-problema". (MOURA, 2001, p. 155). Tal CAEPI possuía a intencionalidade de permitir que os alunos aprendessem potenciação e função exponencial (a escolha desse conteúdo se deu pelo fato de que estamos atrelados ao currículo proposto pela secretaria municipal de ensino, portanto, de acordo com o bimestre em que desenvolvemos essas atividades em sala de aula, tivemos que contemplar o conteúdo que a professora regente teria que trabalhar naquele momento).

Durante o planejamento e desenvolvimento do referido CAEPI nos fundamos na premissa de que o planejamento da atividade de ensino do professor "é tido como uma atividade que orienta a tomada de decisões dos docentes, sendo compreendida como atividade consciente e sistemática, centrada na aprendizagem ou no estudo, mediada intencionalmente pelo professor" (SILVA, 2014, p. 83). Tanto o planejamento quanto o desenvolvimento das ações na escola-parceira foram feitos coletivamente, ou seja, contou com a presença de todos os bolsistas de iniciação à docência, da professora supervisora e da professora coordenadora de área. Para que pudéssemos ter condições de refletir e avaliar os processos de nossa aprendizagem da docência e a aprendizagem da matemática escolar pelos alunos, a cada reunião ou aula dada na escola-campo, fomos construindo um diário de campo, que íamos revisitando, para que tivéssemos condições de realizar avaliações que nos conduziam a outras sínteses dos processos que ali se efetivavam.

A atividade foi planejada e desenvolvida em duas salas de 9º ano do ensino fundamental, na Escola Municipal Professora Zelsani (escola-parceira do Subprojeto PIBID ao qual fazemos parte como bolsistas de iniciação à docência), e houve a participação de 54 alunos. Essa escola é a segunda em número de alunos na rede municipal. Atende crianças desde a pré-escola até a nona série do ensino fundamental, nos períodos matutino e vespertino.

Durante este CAEPI buscamos estabelecer objetivos para que orientássemos as ações dos estudantes oportunizando ações integradas que assegurassem experiências formativas transformadoras. Para Lopes (2012, p. 4) "é importante que os objetivos dos alunos sejam realmente deles, e ao educador cabe mediar estas ações, cuidando para que sejam direcionados e não percam a possibilidade de se mobilizarem de maneira autônoma". Isto é, devemos planejar atividades de ensino estruturadas de maneira que ofereça condições para que os alunos se aproximem de determinado conhecimento (MOURA, 2002).

Nessa atividade demos destaque à situação desencadeadora de aprendizagem, na qual optamos por criar uma história virtual, com o uso de Histórias em Quadrinhos, para auxiliar no processo de ensino e aprendizagem de potenciação e função exponencial.

> As situações desencadeadoras de aprendizagem podem ser materializadas por meio de diferentes recursos metodológicos. Dentre esses destacamos a [...] história virtual do conceito. Esta última é compreendida como uma narrativa que proporciona ao aluno envolver-se na solução de um problema como se fosse parte de um coletivo que busca solucioná-lo, tendo como fim a satisfação de uma determinada necessidade à semelhança do que pode ter acontecido em certo momento histórico da humanidade. Para os autores, o significado de virtual encontra-se ao apresentar um problema na situação desencadeadora de aprendizagem que possua todas as condições essenciais do conceito vivenciado historicamente pela humanidade (MOURA; ARAÚJO; MORETTI; PANOSSIAN; RIBEIRO, 2010, p. 224).

Optamos por estruturar este capítulo da seguinte forma: primeiramente elucidamos a "1º etapa da atividade, na qual contamos a eles um pouco da história do desenvolvimento da ideia matemática de potenciação". Em seguida, abordamos o tema "Histórias em quadrinhos: atribuindo sentidos a conceitos matemáticos" discutindo sobre um modo de organizar o ensino da matemática usando Histórias em Quadrinhos (HQ), diante disso constituímos assim nosso próximo tópico "situação desencadeadora da aprendizagem". Por fim, tecemos nossas considerações acerca das contribuições para nós e para os alunos da educação básica.

Um pouco da história acerca da potenciação

Esse momento da atividade é pensado com objetivo que os alunos entendam o movimento histórico de construção do conceito matemático como um processo de resposta ás necessidades humanas.

Nessa perspectiva realizamos a seguinte síntese histórica que foi projetada na forma de apresentação de slides, com apenas imagens, enquanto os bolsistas relatavam os acontecimentos que redundaram no surgimento da potenciação. Vejamos a seguir um resumo da síntese histórica.

Os primeiros registros de potenciação de que se tem conhecimento estão inseridos no problema 79 do Papiro Rhind, datado de cerca de 1650 a.C. Nesse problema são identificadas claramente sequências de potência de base 7, embora na época suas preocupações eram apenas de natureza prática, e não teórica.

> Todos os 110 problemas incluídos nos papiros Moscou e Rhind são numéricos, e boa parte deles é muito simples. Embora a maioria tenha origem prática, há alguns de natureza teórica. Uma das consequências do sistema de numeração egípcio é o caráter aditivo da aritmética dependente. Assim, a multiplicação e a divisão eram em geral efetuadas por uma sucessão de duplicações com base no fato de que todo número pode ser representado por uma soma de potências de base 2 (EVES, 2007, p. 45).

Os estudos mais abstratos e de natureza teórica foram realizados na Grécia antiga (período que compreende entre os anos 1100 a.C. e 146 a.C.) que é caracterizada pelo seu relevo montanhoso que ocupava o sul da península balcânica, na região sul da Europa. Nesse período histórico o Estado Grego não se encontrava unificado, suas cidades constituíam-se de forma independente e geralmente eram rivais, alguns dos fatores que os uniam estavam fixados nas diferenças entre os elementos culturais, religiosos e os jogos olímpicos.

Nesta época tivemos várias guerras que eram causadas por disputas territoriais, entre elas a Segunda Guerra Púnica, na qual o matemático Arquimedes de Siracusa (287 a. C - 212 a. C) se destacou com suas engenhosas máquinas. Ele criou catapultas para lançar pedras; cordas, polias e ganchos para levantar e espatifar os navios romanos; invenções para queimar os navios e etc. (BOYER, 1974), com isso a cidade de Siracusa resistiu ao cerco de Roma por aproximadamente 3 anos. Contudo, em razão do excesso de confiança que tinham nas engenhosas máquinas de Arquimedes, os siracusanos se descuidaram da guarda, facilitando assim a entrada dos invasores. No entanto, o general romano Marcelo nutria um grande respeito pelo seu adversário e ordenou que sua vida fosse poupada durante a invasão, e ainda que suas ordens não foram obedecidas, ele o enterrou com honras em um ilustre cemitério (EVES, 2007).

Arquimedes era um homem estudioso, e ansiava por conhecimento. Ele ousou a dizer que se lhe dessem um ponto de apoio e uma alavanca suficientemente grande ele poderia movimentar o mundo, também se gabava que poderia escrever um número maior que o número de grãos de areia necessários para encher o universo (BOYER, 1974). Nesta época, o universo não era considerado infinito, tinha-se a ideia de que as estrelas o limitavam, dando-lhe um formato esférico e ao calcular o volume de tal esfera chegaria ao resultado almejado. Para tanto, Arquimedes começou a calcular quantos grãos de areia cabiam dentro de uma semente de papoula. Em seguida, quantas sementes de papoula cabiam em um dedo, e quantos dedos cabiam em um estádio[4], e, posteriormente, quantos estádios eram necessários para preencher o diâmetro da Terra, e quantas vezes essa medida da Terra era necessária para ocupar o Universo.

> Arquimedes (250 a.C.) no seu livro *Contador de areia* pretendia determinar o número de grãos de areia necessários para encher o universo solar, o que para ele consistia numa esfera tendo a Terra como centro e a sua distância ao Sol como raio. Obteve a solução 10^{51}, que não podia ser escrita na numeração utilizada na época (alfabética), uma vez que apenas permitia escrever números até 10 000 (uma miríade). Arquimedes criou então um novo sistema: considerou os números de 1 a 10^8, ou seja, até uma miríade de miríade, que se podiam escrever na numeração grega como sendo de primeira ordem; depois, os números de 10^8 até 10^{16}, como sendo de segunda ordem, em que a unidade é 10^8, e assim sucessivamente [...]. Arquimedes utilizou, deste modo, uma regra equivalente à propriedade da multiplicação de potências com a mesma base: $10^{51}, = 10^3, \times 10^8, \times 10^8, \times 10^8, \times 10^8, \times 10^8, \times 10^8$ (OLIVEIRA; SEGURADO; PONTE, 1998, p. 3).

Segundo Boyer (1974), Arquimedes conseguiu encontrar um resultado muito grande que não poderia ser representado de uma forma que as outras pessoas conseguissem compreendê-lo. Depois de analisar o cálculo, ele percebeu que havia repetições de multiplicações envolvendo o número 10, então ele resolveu que poderia agrupar os números em miríades[5].

---
4   Unidade de medida que equivalia a 160m.
5   Miríade é um numeral grego que equivalia a dez mil. Disponível em: <htpp:\\dicionarioinformal.com.br>.

De acordo com as necessidades das diversas civilizações, o modo de organização dos conhecimentos matemáticos ocorre de maneira distinta. Assim, com o movimento que levou à mudança dos sistemas de numeração, houve também uma alteração nas notações usadas para expressar a potenciação. Por isso, os numerais já não são agrupados apenas em miríades, mas em qualquer um dos algarismos do sistema de numeração decimal.

Conforme Cajori (1993), a notação usada atualmente para representar a potenciação contribuiu fortemente para o avanço da Álgebra, evidenciando o simbolismo. Esse processo veio de uma necessidade de agrupamento de números muito grandes. Na sociedade atual o homem teve que aprender a se organizar porque houve a necessidade de expressar grandezas[6] muito elevadas. É comum ao nosso dia a dia situações em que relacionamos duas ou mais grandezas o que na matemática chamamos de Função.

As funções podem ser representadas através de gráficos ou algebricamente. Alguns gráficos geram retas, mas, com o avanço das ciências e tecnologias houve a necessidade de se expressar funções em que as grandezas aumentam ou diminuem rapidamente. A representação gráfica destes tipos de funções já não pode ser feita utilizando retas, e houve a necessidade de se desenvolver uma ferramenta matemática que expressasse curvas em um gráfico, e assim se desenvolveram as funções exponenciais. Elas são resolvidas utilizando as regras da potenciação. Isto ocorre porque na função exponencial são expressos valores muito altos ou muito pequenos.

Entretanto, ao longo das conversas realizadas nas reuniões que realizamos para planejar as atividades, tanto a professora supervisora, como a coordenadora de área (ambas com longa experiência em sala de aula como professoras de matemática da educação básica) nos disseram que os alunos possuem grande dificuldade com os conteúdos de potenciação e função exponencial. Diante de tal realidade nos preocupamos em encontrar uma situação desencadeadora que facilitasse a aprendizagem desses alunos. Como nunca tínhamos usado HQ como situação desencadeadora da aprendizagem nos outros CAEPI já realizados por nós e, pelo fato de uma das bolsistas possuir grande habilidade para desenhar, propusemos escrever o enredo de uma HQ que abordasse a potenciação. Nossa escolha se baseia em Cavalcante e Cedro (2016, p. 57) ao afirmarem que as

> histórias em quadrinhos podem contribuir para que os sujeitos em formação adquiram um tipo de pensamento pautado na interpretação e na reflexão. Esta interpretação decorre do fato de que o leitor participa ativamente da evolução da história, pois cabe a ele completar a ação entre um e outro quadro.

---

6 Grandeza é tudo aquilo que pode ser medido, contado. São exemplos de grandezas: massa, volume, capacidade, comprimento, superfície, tempo, velocidade, custo, produção.

Histórias em quadrinhos: atribuindo sentidos a conceitos matemáticos

O processo de apropriação conceitual dos alunos a respeito dos conteúdos historicamente construídos pela humanidade, em especial, aqueles relacionados à Matemática dependem da mediação do professor, bem como das ferramentas materiais. Diante dessa perspectiva, concordamos com Vergueiro (2012) o qual propõe que os professores podem utilizar as Histórias em Quadrinhos como possibilidades para auxiliar neste processo de mediação intencional ocorrido em sala de aula.

O uso das Histórias em Quadrinhos (HQ) destaca-se entre os estudantes, por ser atraente e, ao mesmo tempo, uma leitura prazerosa. Assim, os professores encontram nelas elementos capazes de tornar suas aulas mais interessantes, pois em conjunto com os conteúdos específicos, das disciplinas trabalhadas, oportunizam discussões que promovem a aprendizagem. Desta maneira, as HQs "apresentam potencial para mediar o ensino e aprendizagem escolar, porque a sua leitura exige a interpretação, tanto de imagens, quanto de texto" (SILVA, 2010, p. 38).

Cavalcante (2014) faz uma análise lógico-histórica das contribuições das HQs na aprendizagem de matemática. Assim, o autor encontra as seguintes potencialidades: elas têm alto poder ideológico, oferecem literatura de forma lúdica, possuem perspectiva de manual (como formas de procedimento), configuram-se como um forte veículo de crítica social, atuam como ferramenta para a disseminação de ideais, tratam algum tipo de informação escolar, fazem o tratamento histórico da informação e abordam temas diversos, mostrando-se valiosas para os professores. Desenvolver situações que desafiem os estudantes, estimulando a sua inteligência é de suma importância e o uso das HQs pode ser um aliado dos professores nessa nova etapa de aprendizagem. Portanto, as HQs podem atribuir sentidos a conceitos matemáticos.

Entendemos, portanto, que as HQs são uma excelente maneira de se apresentar a situação desencadeadora de aprendizagem, já que esta etapa é destinada à apropriação conceitual.

A situação desencadeadora da aprendizagem em destaque

O segundo momento de nossa atividade foi o problema desencadeador de aprendizagem "entendido como uma situação onde se encontra com a essência do conceito" (LOPES, 2012, p, 78). Assim, podemos despertar em nossos alunos necessidades de solucionar um problema proposto mediante uma história virtual, transcendendo o seu atual estágio de desenvolvimento.

Sendo assim, a forma escolhida pela qual faríamos a situação desencadeadora foi a História em Quadrinhos, por ser um recurso metodológico que permite aos sujeitos envolvidos uma apropriação conceitual de maneira lúdica. Essa HQ é constituída de uma história virtual, tendo em vista que "o conceito a ser ensinado deve ser considerado uma necessidade cognitiva ou material pelos alunos, de modo que as suas ações estejam de acordo com o motivo que os leva a agir, voltadas para a solução do problema" (MORETTI, 2007, p. 59). Na Figura 2 a seguir temos a capa do gibi desenvolvido com essa HQ.

Figura 2 – Capa da História em Quadrinhos ofertada aos alunos da educação básica na forma de um gibi

Fonte: Acervo dos autores.

O enredo da história virtual foi o seguinte: Esta é a história de dois reinos vizinhos: o reino Katburlle do Rei Robert e o reino de Dracar do Rei Gregory. O primeiro reino se encontrava endividado e sem perspectiva de recuperação financeira. Se aproveitando dessa situação, o reino Dracar, que era o reino mais rico e populoso de toda região, lhe fez uma proposta: pagar todas as suas dívidas em troca da bela princesa Sarah. Contudo, a pequena princesa era apaixonada pelo jovem guerreiro Josef. Ainda que contra a sua vontade, o Rei Robert, que estava sem saída, aceitou a proposta do seu adversário, e lhe deu a sua filha em troca da quitação de suas dívidas. O rei Robert juntamente com Josef resolve formar um exército para guerrear contra seu adversário e recuperar sua princesa, fazendo que a sua população de guerreiros crescesse exponencialmente. Enquanto isso no outro reino acontece uma epidemia: a sua população de soldados começou a decrescer também exponencialmente, deixando-os fracos e vulneráveis. Ao perceber essa queda no reino Dracar, Robert cria uma estratégia bélica para que quando os dois reinos tivessem a mesma quantidade de guerreiros, o reino Katburlle atacaria o reino adversário. Vejamos abaixo a HQ na forma de gibi, como fora ofertada aos alunos. Nas Figuras 3 até a Figura 16 temos o início, partes do desenvolvimento e o desfecho da história.

Figura 3 – Páginas iniciais da HQ

Fonte: Acervo dos autores.

Figura 4 – Páginas iniciais da HQ

Fonte: Acervo dos autores.

Figuras 5 – Desenvolvimento do enredo da HQ

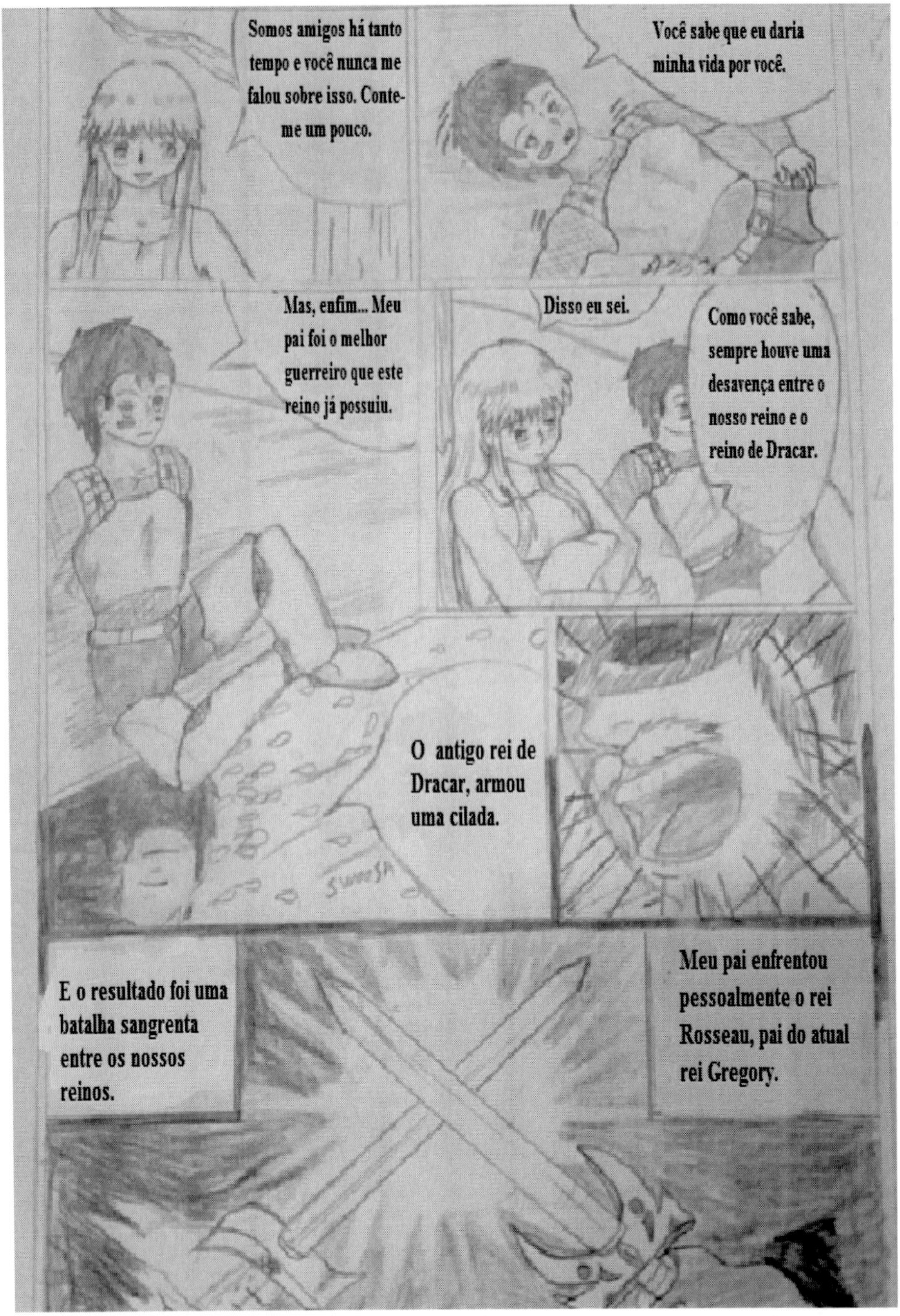

Fonte: Acervo dos autores

Figuras 6 – Desenvolvimento do enredo da HQ

Meu pai resistiu até o final.

Porém a quantidade de soldados do nosso reino era inferior à do reino Dracar.

Fonte: Acervo dos autores

Figura 7 – Os rumos que delinearam o desfecho da HQ

Fonte: Acervo dos autores.

Figura 8 – Os rumos que delinearam o desfecho da HQ

Fonte: Acervo dos autores.

Figura 9 – Momento da HQ que coloca os alunos diante de uma situação-problema

| Desde então, o rei Robert começou a treinar guerreiros, fazendo com que a quantidade de soldados crescesse exponencialmente, de acordo com a função: | Enquanto isso, no reino onde fui aprisionada, houve uma peste e a população de soldados decaiu exponencialmente, conforme a função: |

Fonte: Acervo dos autores

Figura 10 – Momento da HQ que coloca os alunos diante de uma situação-problema

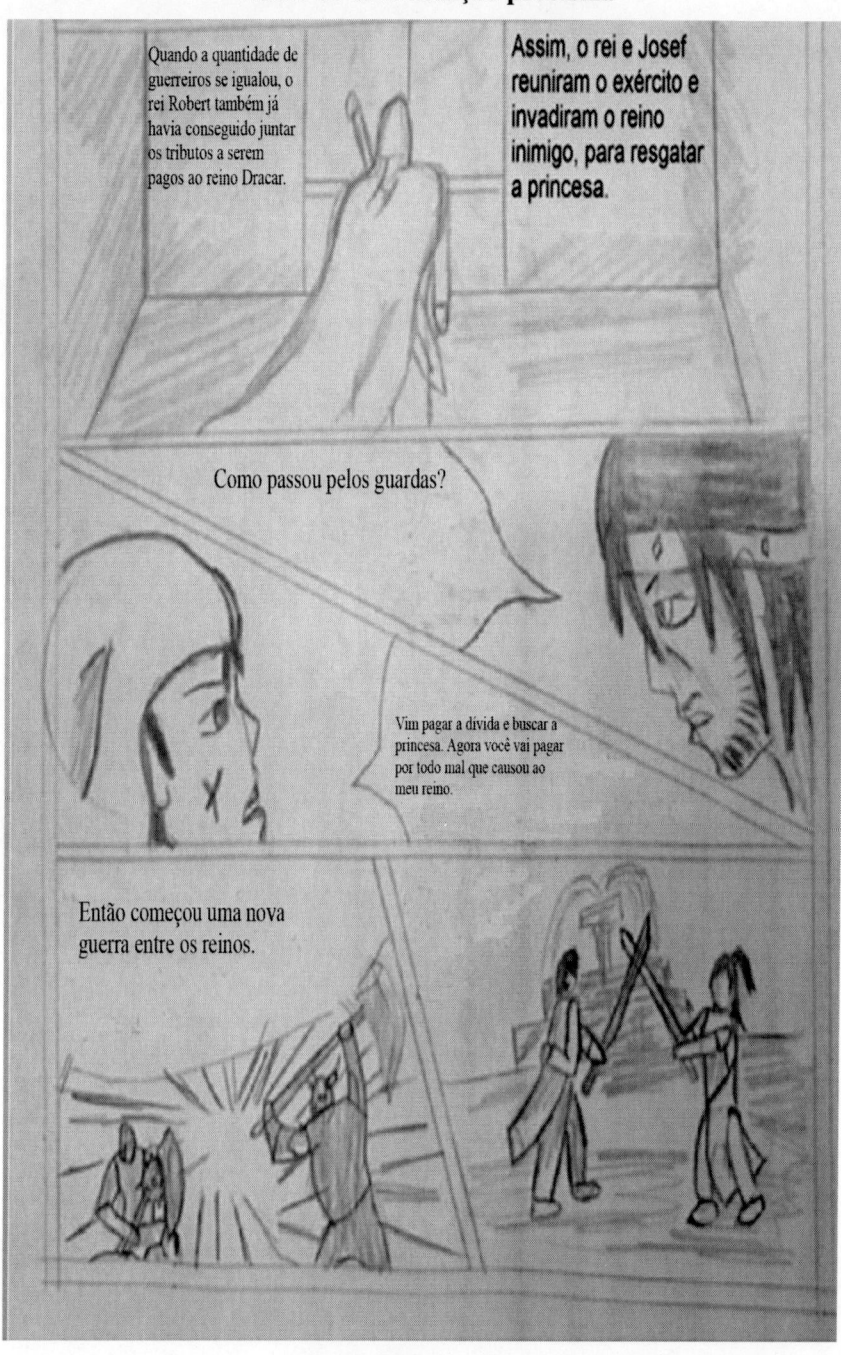

Quando a quantidade de guerreiros se igualou, o rei Robert também já havia conseguido juntar os tributos a serem pagos ao reino Dracar.

Assim, o rei e Josef reuniram o exército e invadiram o reino inimigo, para resgatar a princesa.

Como passou pelos guardas?

Vim pagar a dívida e buscar a princesa. Agora você vai pagar por todo mal que causou ao meu reino.

Então começou uma nova guerra entre os reinos.

Fonte: Acervo dos autores

Figuras 11 – A batalha entre os dois reinos

Nesta batalha, Josef teve que mostrar todas as suas habilidades de guerreiro.

Fonte: Acervo dos autores

Figuras 12 – A batalha entre os dois reinos

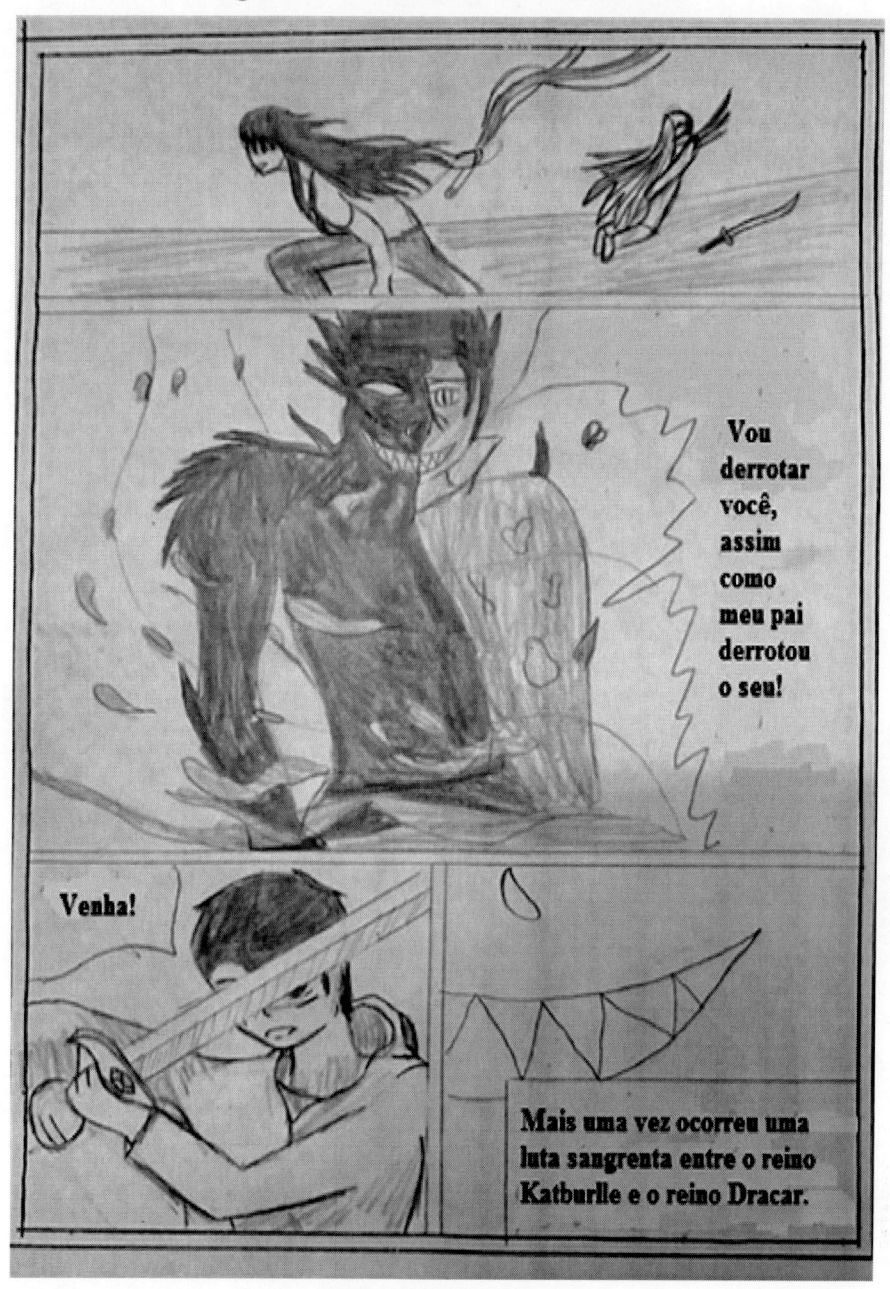

Vou derrotar você, assim como meu pai derrotou o seu!

Venha!

Mais uma vez ocorreu uma luta sangrenta entre o reino Katburlle e o reino Dracar.

Fonte: Acervo dos autores

Figuras 13 – A luta de Josef

Fonte: Acervo dos autores

Figuras 14 – A luta de Josef

> Depois de longas horas de lutas, Josef com um golpe certeiro conseguiu derrotar Gregory. E a batalha enfim terminou.

Fonte: Acervo dos autores

Figuras 15 – O desfecho da HQ

Fonte: Acervo dos autores

FORMAÇÃO DO PROFESSOR DE MATEMÁTICA:
a aprendizagem da atividade pedagógica no PIBID

Figuras 16 – O desfecho da HQ

Universidade Estadual de Goiás
Subprojeto PIBID-Matemática

A princesa voltou para o seu reino e o rei recompensou o bravo guerreiro com a mão de sua filha.

Coordenadora de Área:
Profª Maria Marta

Bolsistas:
Angélica Paula
Charles Custódio
Érika Lucia
Ivo Augusto
José Clementino
Sarah Cristina
Sarah Letícia

Arte Gráfica:
Alex Marçal
Sarah Cristina

Fim.

Fonte: Acervo dos autores

No início da situação desencadeadora foi distribuída para cada aluno a História em Quadrinho, após a entrega para todos iniciou-se uma leitura na qual cada bolsista representava um personagem da história e o mesmo lia a sua parte na HQ. Em certo momento para continuidade da história, dependeria da resolução de um pergaminho repleto de dívidas expressas na forma de notação cientifica e potenciação (Figura 17).

Figura 17 – Pergaminho contendo a dívida do Reino Katburlle

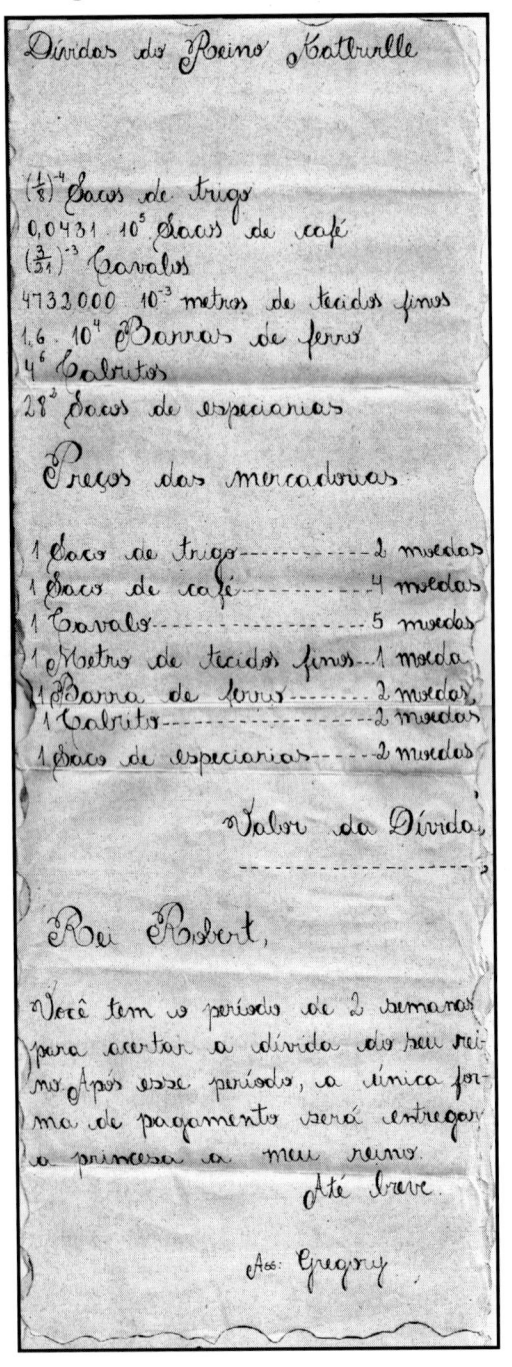

Dívidas do Reino Katburlle

$(\frac{1}{8})^{-4}$ Sacos de trigo
$0,0431 \cdot 10^5$ Sacos de café
$(\frac{3}{51})^{-3}$ Cavalos
$4732000 \cdot 10^{-3}$ metros de tecidos finos
$1,6 \cdot 10^4$ Barras de ferro
4^6 Cabritos
28^3 Sacos de especiarias

Preços das mercadorias

1 Saco de trigo ------------ 2 moedas
1 Saco de café ------------ 4 moedas
1 Cavalo ------------------ 5 moedas
1 Metro de tecidos finos -- 1 moeda
1 Barra de ferro ---------- 2 moedas
1 Cabrito ----------------- 2 moedas
1 Saco de especiarias ----- 2 moedas

Valor da Dívida

Rei Robert,

Você tem o período de 2 semanas para acertar a dívida do seu reino. Após esse período, a única forma de pagamento será entregar a princesa a meu reino.

Até breve.

Ass: Gregory

Fonte: Acervo dos autores

Cada aluno recebeu o seu pergaminho (Figura 18) e o mesmo continha a mensagem do rei de Dracar e a dívida do reino de Katburlle (expressa em notação cientifica e potenciação). A partir desse momento os alunos teriam que resolver os cálculos para descobrir o valor da dívida final do reino de Katburlle, para saber se o mesmo teria condições de pagar ou não. Após um período de 40 minutos os alunos descobriram que o reino não tinha o dinheiro para sanar a dívida, tendo então que entregar sua filha ao reino de Dracar.

Figura 18 – Os alunos de posse do pergaminho com a dívida do Reino Katburlle

Fonte: Acervo dos autores

Dando andamento no desenrolar da situação desencadeadora de aprendizagem, aqui representada pela HQ, algumas páginas à frente os alunos foram colocados diante de uma nova problemática: como o rei de Katburlle teve que entregar a sua filha em troca da quitação de suas dívidas, ele elaborou uma estratégia bélica para conseguir sua filha de volta: começou a treinar soldados fazendo que a sua população de guerreiros crescesse exponencialmente. E no reino de Dracar aconteceu uma epidemia: a sua população de soldados começou a decrescer também exponencialmente.

Neste momento, os alunos foram encarregados de descobrir quando a população de soldados de ambos os reinos seria igual (Figura 19), pois quando os dois reinos tivessem a mesma quantidade de guerreiros, o reino Katburlle atacaria o reino adversário. Foram dadas na HQ as funções exponenciais que representavam a quantidade de soldados (de cada reino) em função do tempo.

Figura 19 – Alunos descobrindo quando as populações dos dois reinos se igualariam

Fonte: Acervo dos autores

Os alunos se organizaram em grupos e buscaram chegar a uma solução coletiva, depois de algumas tentativas e com nossa mediação intencional chegaram a resposta correta de quanto tempo o reino de Katburlle conseguiria recuperar sua princesa e assim descobriram o desenlace da história virtual

Podemos depreender desta experiência que planejar situações de ensino com base nos interesses que os estudantes possuem é instigá-los a procurar novos conhecimentos, é criar motivos para que ocorra a apropriação conceitual. "Com isso, o estudante se apropria dos conceitos e compreende que é herdeiro do conhecimento desenvolvido pelas gerações precedentes" (RIGON; ASBAHR; MORETTI, 2010, p. 39). Entretanto isso não ocorre espontaneamente, muito menos diante de um ensino de matemática formal. Necessita de outra organização do ensino e isso implica que nós como licenciandos também estejamos dispostos a aprender a ensinar.

Essa disposição à aprendizagem da docência acreditamos acontecer quando nos colocamos no papel do professor, responsáveis, portanto, pela organização do ensino. Entretanto, no curso do desenvolvimento dessa atividade aprendemos muito com o outro. Nesse caso "esse outro" se objetivou entre tantos, na pessoa da professora supervisora (que era a professora regente da sala). Observar o outro, no caso a professora supervisora, suas atuações, sua metodologia, sua interação com as turmas e com o conhecimento matemático, seu modo de gerenciar conflitos e tantas outras ações pertinentes ao processo de ensino e aprendizagem da matemática escolar, contribuíram sobremaneira para nosso processo de aprendizagem da docência. Assim, compactuamos com Lima (2012) quando afirma que o aprendiz da docência deve observar as ações de sala de aula a ponto que se permita a apreensão da realidade institucional, que possa nesses momentos em que partilha à docência, iniciar uma busca proporcionada pelo olhar, para que possa enxergar aquilo que julga normal, como algo diferente e curioso.

Não podemos deixar de destacar também as questões concernentes à importância do conhecimento pedagógico para o desenvolvimento da docência. Durante o planejamento, assim como durante o desenvolvimento desse CAEPI em sala de aula, transpareceu que a tão exacerbada valorização do conhecimento específico, que vemos na graduação não existe quando estamos em sala de aula. Elas são lugares em que esses dois tipos de conhecimentos são imprescindíveis.

> Para que a superação dessa dicotomia anunciada pelos professores em formação entre os conhecimentos disciplinar e pedagógico seja efetuada, devemos insistir no fato de reconhecermos a unidade (não a identidade) e a diferença (não a completa diversidade) da supremacia de ambos na constituição de uma atividade pedagógica. [...]. Isso significa dizer que, com base em nossa concepção teórica, a aprendizagem dos alunos depende da estrutura de sua atividade cognoscitiva que, por sua vez, está determinada pelos métodos de ensino e seus conteúdos. Sob esse prisma, não podemos perder de vista que o ensino é uma construção social, produzida em determinado momento histórico. Logo, os professores em atividades de ensino devem dialogar com todas as vozes e constituir um espaço fecundo para que os sujeitos tenham condições de criar e recriar novos conhecimentos e não apenas ocupar o lugar de meros repetidores de um determinado saber. Desta forma, compreender o processo de construção de uma unidade entre esses dois conhecimentos é tão fundamental quanto compreender a interconexão entre ensino e aprendizagem. Isto equivale a ser capaz de realizar aprendizagens em diferentes situações e contextos que as favoreçam, considerando-se as condições individuais de cada sujeito na sua interação com seus pares. Essa capacidade tem sido negada à grande maioria dos licenciandos (SILVA; CEDRO, 2015, p. 205).

Os tipos de conhecimentos relacionados ao exercício da docência em matemática, por nos constituídos no desenrolar dessas atividades de ensino, possuem em comum a ação mediática e a importância de dar tempo para tecer discussões e problematizações sobre as atividades desenvolvidas em aulas de matemática. Dando-nos condições de perceber que esse conhecimento, matemático, não está isolado, mas integrado aos demais conhecimentos e é intrínseco às atividades de ensino. Por meio de nossas reflexões, percebemos que o conhecimento da docência está muito além dos conhecimentos do conteúdo. A docência requer conhecimentos amplos para sustentar ações planejadas e intencionais de ensino. Destarte, a formação inicial docente implica considerar a construção e reconstrução de conhecimentos de diferentes dimensões.

Ao longo do desenvolvimento das atividades de ensino, imersas nessas múltiplas dimensões do conhecimento matemático, percebemos mudanças de nossas concepções sobre a relação entre professor e aluno. Isso confirma o entendimento que Lima (2012) tem sobre a importância que tem o licenciando em vivenciar os momentos íntimos que acontecem em sala de aula. O autor diz que esse lócus, tão especial, é um espaço de auto formação e pode acrescentar elementos identitários no tocante à investigação dos fenômenos subjetivos que compõe o ser e o estar na profissão docente" (LIMA, 2012, p. 68).

Nesse espaço vivemos no desenrolar das atividades, momentos inusitados, que sobremaneira contribuíram para nosso processo de aprendizagem da docência. Ocasiões ricas de possibilidades de se aprender a ser professor. Instantes que o outro, agora representado pela professora supervisora, pela professora coordenadora de área, pelos alunos e pelos bolsistas de iniciação a docência, nos ensinaram que o outro integra o nosso processo de compreensão da realidade objetiva circundante, pois, quando há possibilidade de diálogo com o outro ocorre emergência dos conhecimentos postos a nós. Assim, é possível nos surpreender e rever nossas posições em relação aos papeis de professores e alunos nos processos de ensino e de aprendizagem.

Assim, entendemos que viabilizar parcerias como as objetivadas no PIBID (entre universidade e escola), proporcionam aos licenciandos vivências que possibilitam aprendizagens com base no outro. É por meio das ações e enunciados dos outros, que nos licenciandos pudemos refletir sobre nossos conhecimentos e concepções; percebendo contribuições de diferentes vozes no processo de constituição de nossa formação docente. Compreender essa potencialidade do outro para a formação docente se faz necessário porque permite gerar novas formas de compreensão e de intervenção na atividade pedagógica.

Concluindo nossas reflexões

Por meio de nossa imersão nesta atividade, desde o seu planejamento até a sua realização percebemos o desenvolvimento de saberes específicos da pratica docente. Muitos deles de natureza teórica, nos quais podemos dar destaque à organização do ensino. Organizar o ensino é uma das principais funções do professor, pois na sua posição de mediador, ele deve criar condições para que seus alunos aprendam. Para tanto é necessário reconhecer em seus alunos sujeitos portadores de conhecimentos e de interesses que devem ser utilizados como base para a apropriação de novos conhecimentos.

Uma atividade assim estruturada tem a capacidade de envolver os alunos na solução de um problema, na qual mediante as relações interpessoais, todos podem contribuir na construção dos nexos conceituais presentes neste processo de aprendizagem matemática. Planejar atividades que antecipem ao desenvolvimento dos sujeitos envolve não apenas o domínio do conteúdo escolhido, muito mais importante do que isso, é o modo como o professor organiza o seu ensino. Nas HQ percebemos a objetivação dessa proposta, e evidenciamos que uma atividade desse cunho metodológico propicia condições objetivas para que os alunos compreendam a essência de um conceito.

Em meio a este processo de elaboração desta atividade, momentos de entendimento do significado de uma verdadeira educação foram também indispensáveis para nossa formação, pois percebemos que devemos seguir em uma direção que conduza os nossos alunos a transformação, superação de suas capacidades, e assim, de maneira gradativa, fazendo parte do seu processo de humanização. Ainda nesse sentido, divisamos que não podemos nos prender a práticas autoritárias e burocráticas, as quais muitos profissionais da docência estão arraigados. Depreendemos que um bom professor deve se por sempre em busca de sentidos para sua prática, reconhecendo necessário o seu aperfeiçoamento, e muito mais, perceber que ao compartilhar seus conhecimentos com outros sujeitos, ele também se aperfeiçoa e se transpõe.

A profissão docente é muito complexa para ser reduzida a mera transmissão de conteúdos específicos. Como concebemos os conhecimentos como fruto do desenvolvimento histórico e cultural da sociedade e percebemos o seu caráter de inacabado e em constante movimento, a atribuição de sentido ao que se estuda deve receber mais valor do que a memorização dos conteúdos expostos. Se hoje muito se discute a busca por uma educação de qualidade, deve-se conceber também que as dificuldades as quais a educação perpassa são reflexos de práticas de ensino ancoradas na memorização e na repetição dos conteúdos, limitando o desenvolvimento psíquico dos indivíduos, que acabam sem acesso a conhecimentos genuinamente científicos (DAVYDOV, 1982).

Organizar atividades de ensino que permitam aos indivíduos a utilização de conhecimentos científicos, acreditamos que seja uma busca a que todos os professores devem se disponibilizar. Ainda que tais práticas não sejam comuns, é importante ao professor "assumir continuamente o seu objetivo de trabalho como aperfeiçoável e, dependente de muitos fatores sobre os quais deverá procurar interferir a fim de aprimorar-se cada vez mais" (MOURA, 1995, p. 25). No decorrer desta Atividade no ambiente do Subprojeto PIBID de Matemática da UEG, campus Quirinópolis, visualizamos alguns aspectos intrínsecos da busca por organizar o ensino dessa forma, que tem como ponto de partida os conhecimentos científicos – e não somente os empíricos – e percebemos o quão eficaz é, pois permite compreender a sua gênese, sua essência e não apenas as suas peculiaridades que são facilmente evidenciadas pela observação.

Alguns saberes contraídos neste processo podem ser classificados como experienciais adquiridas durante a realização da atividade na escola parceira. Embora saibamos que tais saberes são particulares, reconhecemos a importância do compartilhamento dos mesmos em posteriores reuniões do grupo. As ações compartilhadas permitem que todos se desenvolvam e adquiram concepções acerca da pratica docente, aliada a discussões teóricas, que fundamentem o que se observa nas ações na escola. Reconhecemos que ações isoladas não teriam tamanha influência sobre a aprendizagem da docência dos integrantes do grupo, com as reflexões propostas, podemos aprender com os acertos e os erros de todos.

Sabemos que o professor aprende durante toda a sua trajetória escolar, suas vivencias são ricas fontes para seu desenvolvimento profissional, mas aqui damos destaque aos saberes advindos da formação inicial, em especial aos adquiridos no ambiente desse Subprojeto PIBID de matemática, pois neste processo aprendemos a interligar teoria e pratica, considerando-as como um todo, e não de maneira isolada. Tal entendimento nos fornece instrumentos para lidar com situações cotidianas no ambiente escolar que exigem um posicionamento de um profissional competente, apto para tomada de decisões em tempo oportuno.

Esta articulação entre aspectos teóricos e práticos, a qual é possível em nosso Subprojeto leva-nos a adquirir habilidades para enfrentar a realidade objetiva que é a situação atual da educação pública. Sabemos que nosso papel – de docentes – é de suma importância no desenvolvimento de formas culturais no comportamento dos nossos alunos, de maneira que compreendemos a grande responsabilidade que nos emprega esta proposta. Reconhecer nossas funções durante o processo de formação inicial é um passo importante na construção de nossa identidade docente. Gostaríamos de salientar que reconhecemos que a profissão docente não é um dom, ninguém nasce professor, portanto, admitimos que se demonstramos interesse em continuar nessa carreira, nossa busca por aperfeiçoamento deve continuar, pois é uma profissão dinâmica que exige uma formação continuada, já que estamos em constante movimento.

O PIBID constitui-se como um espaço para a formação de competências que nos levam a uma formação com melhores atributos, o que nos permite visualizar um ensino escolar de melhor qualidade, no qual professores competentes atuem, buscando sempre a superação dos desafios que os acompanharão enquanto ele se constitui historicamente como educador.

REFERÊNCIAS

BOYER, C. B. **História da Matemática**. 7. ed. São Paulo: Blucher, 1974.

CAJORI, F. A. **History of mathematical notations**: Two volumes bound into one. New York: Dover Books, 1993.

CAVALCANTE, L. A. O.; CEDRO, W. L. Uma análise lógico-histórica da relação entre as histórias em quadrinhos e a educação. In: PEREIRA, A. C. C.; ALCÂNTARA, C. S. **História em Quadrinhos:** interdisciplinaridade e educação. São Paulo: Editora Reflexão, 2016.

CAVALCANTE, L. A. O. **No dia mais claro**: um estudo sobre o sentido atribuído às histórias em quadrinhos por professores que ensinam Matemática em formação. Dissertação de Mestrado, Goiânia, Programa de Mestrado em Educação Ciências e Matemática, Universidade Federal de Goiás, 2014.

DAVYDOV, V. V. **Tipos de generalización en la enseñanza**. Habana: Editorial Pueblo y Educación. 1982.

EVES, H. **Introdução à história da matemática**. 5. ed. Campinas, São Paulo: Unicamp, 2007.

LIMA, M. S. L. **Estágio e aprendizagem: da profissão docente**. Brasília: Líber Livro, 2012.

LOPES, A. R. L. V. **A aprendizagem docente no estágio compartilhado**. 2004. Tese (Doutorado em Educação) – Faculdade de Educação, Universidade de São Paulo, São Paulo, 2004.

LOPES, C. E. A Educação Estocástica na infância. **Revista Eletrônica de Educação**, v. 6, n. 1, maio 2012.

MORETTI, V. D. **Professores de matemática em atividade de ensino**: uma perspectiva histórico-cultural para a formação docente. 2007. Tese (Doutorado em Educação) – Faculdade de Educação, Universidade de São Paulo, São Paulo, 2007.

MOURA, A. R. L. **A Medida e a Criança Pré-Escolar**. Campinas, SP. Tese de Doutorado. Faculdade de Educação, UNICAMP.1995.

MOURA, M. O. A séria busca no jogo: do lúdico na matemática. In: KISHIMOTO, T. M. (Org.). **Jogo, brinquedo, brincadeira e a educação**. São Paulo: Cortez, 1996.

_____. A atividade de ensino como ação formadora. In: CASTRO, A.; CARVALHO, A (Orgs.). **Ensinar a ensinar**: didática para a escola. São Paulo: Editora Pioneira. 2001.

_____. O educador matemático na coletividade de formação. In: CHAVES, S.; TIBALLI, E. (Orgs.). **Concepções e práticas em formação de professores**: diferentes olhares. Rio de Janeiro: DP&A, 2002.

MOURA, M. O.; ARÁUJO, E. S.; MORETTI, V. D.; PANOSSIAN, M. L.; RIBEIRO, F. D. Atividade Orientadora de Ensino: unidade entre ensino e aprendizagem. **Rev. Diálogo Educ.**, Curitiba, v. 10, n. 29, p. 205-229, jan./abr. 2010.

OLIVEIRA, H., SEGURADO, M. I., PONTE, J. P. Tarefas de investigação em matemática: Histórias da sala de aula. In: CEBOLA; G.; PINHEIRO, M. (Eds.). **Desenvolvimento curricular em Matemática**. Lisboa: SEM-SPCE, 1998.

RIGON, A.; FERREIRA, F. MORETTI, V. Sobre o processo de humanização. In: MOURA, M. (Org.). **A atividade pedagógica na teoria histórico--cultural**. Brasília, DF: Liber Livro, 2010.

SILVA, C. E. G. da. Histórias em quadrinhos desfiguram os clássicos? **Mundo jovem: um jornal de ideias**, Porto Alegre, ano 48, n. 409, p. 21. ago. 2010.

SILVA, M. M. **Estágio Supervisionado**: o planejamento compartilhado como organizador da atividade docente. Dissertação de Mestrado, Goiânia, Programa de Mestrado em Educação Ciências e Matemática, Universidade Federal de Goiás. 2014.

SILVA, M. M.; CEDRO, W. L. Estágio Supervisionado e Planejamento Compartilhado: Possibilidades da Organização do Ensino de Professores de Matemática em Formação. **Educação Matemática e Pesquisa**, São Paulo, v. 17, n. 2, p. 190-215, 2015.

VERGUEIRO, W. (Org.). **Como usar as histórias em quadrinhos na sala de aula**. São Paulo: Contexto, 2012.

UM OLHAR HISTORIOGRÁFICO ACERCA DO DESENVOLVIMENTO DO CONCEITO MATEMÁTICO DE ÁREA

Maria Marta da Silva
Cezar Augusto Ferreira

Introdução

Tendo os pressupostos da Teoria Histórico Cultural e da Teoria da Atividade como alicerce teórico, esse capítulo tem como objetivo permitir a compreensão sobre um CAEPI mediado pelo conteúdo de área de figuras planas para 8º anos do ensino fundamental. Tal CAEPI faz parte das ações desenvolvidas pelo Subprojeto PIBID de Matemática da Universidade Estadual de Goiás, Campus Quirinópolis.

O planejamento e desenvolvimento dessas atividades de ensino na escola-parceira (Escola Municipal Professora Zelsani) se edifica em duas premissas: permitir melhorias no processo de ensino da matemática escolar dos alunos da escola-parceira e, concomitante a isso, desenvolver avanços na aprendizagem da docência dos bolsistas de iniciação à docência participantes desse Subprojeto. Portanto, subsidiados por essas questões e reconhecendo a importância de ofertar aos alunos da educação básica um ensino que permita a apropriação de conhecimentos científicos e não de conhecimentos baseados somente em aspectos empíricos, planejamos e desenvolvemos essas atividades de ensino baseados no CAEPI de Silva (2014), o qual se embasa teórico-metodologicamente na AOE (MOURA, 1996).

O conceito de área foi o escolhido para ser ensinado nesse CAEPI pela necessidade de se construir conhecimentos geométricos na educação básica e não apenas memorizar algumas definições encontradas em livros didáticos, que em alguns casos são superficiais e até mesmo equivocadas. Propusemo-nos então, a organizar o ensino de modo que permitíssemos aos estudantes perceber que os conceitos matemáticos foram e ainda são construídos durante o dia a dia de vários povos e, portanto, ao longo de épocas distintas.

A valorização da historiografia como destaque da estrutura organizativa desse CAEPI se sustenta na importância de se enfatizar o papel que a pesquisa histórica pode exercer em programas de formação inicial e continuada de professores, como também em propostas de (re)organização do ensino de matemática para a educação básica. De fato, na maior parte do tempo, as concepções dos professores acerca do conteúdo matemático que eles ensinam decorrem da formulação matemática contemporânea. No entanto, a formulação contemporânea é o resultado de um longo processo de mudanças e transformações conceituais e não necessariamente é o melhor ponto de partida para os alunos. Entretanto, na falta de outras alternativas, "a formulação contemporânea torna-se uma camisa de força na escolha do conteúdo a ser ensinado, em sua organização, e em sua articulação com outros conhecimentos" (RADFORD, 2011, p. 16). Sustentados nessa concepção, nos preocupamos, ao apresentar a eles uma breve síntese historiográfica do conceito matemático de área, em não apresentarmos somente uma face contemporânea desse conceito. Muito menos em mostrar-lhes uma história linearmente construída, mas buscamos enfatizar o constante movimento do pensamento humano, refletindo assim sobre o seu aspecto lógico, que visa entender a realidade na sua totalidade e não de forma fragmentada. Em outras palavras, "compreender que a totalidade do conhecimento é o próprio movimento da realidade objetiva que sempre estará por vir a ser" (SOUSA; PANOSSIAN; CEDRO, 2014, p. 86).

Desse modo, ao perceber que a realidade se constitui num constante movimento e que, portanto, os conhecimentos são frutos de ações humanas estabelecidas mediante as mais diversas necessidades, formamos uma base estruturada de modo que pudemos então, partir para a construção da compreensão do conceito de área como grandeza, algo além de sua unidade de medida. Dessa forma, queríamos que os alunos apreendessem mais que apenas os nexos externos desse conceito, ou seja, fossem além dos aspectos perceptíveis do mesmo, que tivessem um ensino de Matemática que não estivesse apenas balizado pela aparência externa do objeto, aqui representado pelo conceito matemático de área.

A intenção era construir caminhos de entendimento dos nexos internos, em que pudesse se perceber o movimento, os fenômenos intrínsecos a ele, tais como "a lógica, a história, as abstrações, as formalizações do pensar humano no processo de constituir-se humano pelo conhecimento" (SOUSA; PANOSSIAN; CEDRO, 2014, p. 96). Afinal, a compreensão de um conceito de maneira que se atribua significados a ele, necessita em especial da apropriação dessa fluência presente nos nexos conceituais, assim, pode-se perceber que os conceitos não são estruturas prontas e acabadas. Além disso, perceber as suas inter-relações com os aspectos sociais, políticos, religiosos e principalmente, históricos das sociedades.

Nossa preocupação com os fatores citados até aqui, se deve ao fato de que saber reproduzir modelos apresentados pelos professores, ou mesmo resolver corretamente alguns exercícios propostos não são garantia de que os alunos compreenderam adequadamente os conteúdos. Saber que tudo que se ensina na escola são conhecimentos que se constituíram historicamente resulta em uma postura crítica por parte dos professores, já que seus alunos, e até mesmo ele, devem se preocupar em descobrir a essência dos conceitos e deste modo ter uma nova visão destes, reconhecendo que eles são produção humana, para explicar a realidade – mutável – e assim poder atuar sobre ela.

Nessa perspectiva, inicia nossa busca por um ensino organizado e estruturado não apenas em elementos empíricos, imediatos, ou até mesmo abordados historicamente. Visamos permitir a apropriação das conexões de fatores que desencadearam na gênese dos conceitos, sua essência, suas peculiaridades, sua lógica e os caminhos percorridos para que se chegasse ao ponto até então conhecido por nós, que pode ser modificado a qualquer instante, desde que encontremos uma necessidade e um objeto que nos coloque em Atividade, tal como é entendida por Leontiev.

Falar sobre a Teoria da Atividade (LEONTIEV, 1978) implica em entender que o homem é um ser social, e também assumir a intencionalidade como um fator preponderante na ação humana sobre a realidade objetiva, já que com base em ações planejadas intencionalmente o homem pode deixar as marcas de sua vontade sobre a terra (ENGELS; MARX, 2002). Durante o desenvolvimento de nosso CAEPI procuramos deixar isso claro para os nossos alunos, para que estejam cientes que há um motivo para que esses conteúdos estejam na matriz curricular, ou seja, que se eles estudam tais conteúdos é porque "ao utilizar os conhecimentos científicos das diferentes ciências como ferramenta, terá a oportunidade de alcançar os princípios gerais que proporcionam o desenvolvimento humano" (MOURA et al, 2010, p. 89).

Para nós, se fez claro que a maneira como organizamos nosso CAEPI forneceu aos alunos um ambiente oportuno para que se sentissem motivados a aprender, para que estivessem conscientes da necessidade da aprendizagem da matemática a eles ofertada, gerando uma vontade de serem agentes transformadores nesse movimento continuo da realidade humana. Em nós, como aprendizes da docência, movimentou-se a certeza de que deva existir "a necessidade de mobilizar o pensamento para a aprendizagem reafirmando que na organização do ensino o professor não trata apenas da organização lógica do conteúdo, mas também do modo de fazer corresponder o objeto de ensino com motivos, desejos e necessidades do aluno" (SFORNI, 2003, p. 96).

Com o intuito de que o leitor compreenda nossa organização e apreenda, nosso movimento de aprendizagem da docência conexo à aprendizagem da matemática pelos alunos da escola-parceira, estruturamos esse capitulo da seguinte forma: inicialmente apresentamos todas as ações que fizeram parte da nossa situação desencadeadora de aprendizagem (SDA), aqui compreendida como uma situação que "deve contemplar a gênese do conceito, ou seja, a sua essência; ela deve explicitar a necessidade que levou a humanidade à construção do referido conceito, como foram aparecendo os problemas e as necessidades humanas em determinada atividade e como os homens foram elaborando as soluções ou sínteses no seu movimento lógico-histórico". (MOURA et al, 2010, p. 103-104).

Nesse CAEPI em especial optamos por concretizar a SDA na forma de uma história virtual, entendida aqui como "[...] uma narrativa que proporciona ao estudante envolver-se na solução de um problema como se fosse parte de um coletivo que busca solucioná-lo, tendo como fim a satisfação de uma determinada necessidade, à semelhança do que pode ter acontecido em certo momento histórico da humanidade". Por seu significado de virtual, entende-se o fato de "se apresentar na forma de um problema na situação desencadeadora de aprendizagem que possua todas as condições essenciais do conceito vivenciado historicamente pela humanidade" (MOURA et al, 2010, p.105).

Nossa história virtual era composta de partes em que os alunos tinham que realizar tarefas para que a história pudesse ter continuidade. Num segundo momento os colocamos a par de uma breve síntese historiográfica acerca do conceito matemático de área (nessa parte os alunos também foram colocados diante de tarefas em que tinham que realizar atividades práticas); e por último fazemos nossas conclusões acerca de todo desenvolvimento do CAEPI.

Ações que comporam a SDA

Iniciamos esse CAEPI pela situação desencadeadora de aprendizagem. Colocamos os alunos de cada sala (são dois 8º anos, realizamos esse CAEPI nas duas salas, e cada uma possuía 25 alunos aproximadamente) sentados em círculo no centro da sala, enquanto contávamos a ele a história virtual: A missão de Xinavane (SILVA, 2014, p. 235). A mesma possuía o seguinte roteiro da história: Imaginem que vocês estão num futuro bem longínquo, e nesse futuro quase toda a raça humana foi extinta após uma batalha com alienígenas robóticos que queriam dominar a Terra. Os humanos tinham vencido, mas o planeta ficou devastado. Não sobrou nenhuma edificação. Todos os humanos adultos foram exterminados. Restaram apenas crianças e jovens como vocês. Todos os livros destruídos, arquivos dos computadores deletados. Todo o conhecimento elaborado pelo homem ao longo de sua permanência no planeta, não mais existia nas formas registradas como conhecemos. Para tal empreitada de reconstrução, contavam apenas com um grande aliado: Xinavane.

Nessa etapa da atividade foi utilizado o vídeo como recurso didático. Este vídeo foi elaborado por um dos bolsistas, este continha cenas de filmes conhecidos, mostrando diversas invasões alienígenas a vários lugares do planeta. O vídeo nos deu a possibilidade de os alunos penetrarem no cenário caótico da invasão alienígena ao planeta de nossa história virtual. Para Moraes e Torres (2004) as estratégias de ensino devem favorecer uma aprendizagem que integre vários sentidos: imaginação, intuição, colaboração, impactos visuais-emocionais. O vídeo conseguiu alcançar este objetivo, visto que tornou possível uma maior imersão ao contexto proposto pela nossa história virtual.

Após eles assistirem o vídeo, demos continuidade a nossa história virtual e apresentamos seu personagem principal: Xinavane. Xinavane era também um alienígena robótico, só que tinha se virado contra sua espécie, por não concordar com o extermínio da Terra. Como castigo pela deserção, os Teifos (nome da espécie robótica alienígena) desmontaram Xinavane e, espalharam suas peças para que os humanos não conseguissem monta-lo novamente, porque sabiam que Xinavane, se pudesse os ajudaria a reconstruir o planeta Terra. Xinavane era um robô muito inteligente e certamente teria guardado informações que ajudaria os humanos na reconstrução de seu planeta. Os humanos acreditavam que Xinavane tinha conseguido guardar em seu HD de alguma forma as informações apagadas pelos Teifos. Só que os Teifos partiram Xinavane em várias partes. Nós encontramos essas partes e vamos dá-las a vocês hoje e agora. A missão de vocês será remontá-lo para que os ajude a reconstruir o planeta.

Foi entregue aos alunos um papel cartão contendo o contorno da figura de Xinavane e as peças necessárias para montá-lo. Xinavane possuía a aparência de um cervo. Na figura a seguir vemos como ele iria ficar depois de serem colocados todas as peças.

Figura 20 – Xinavane

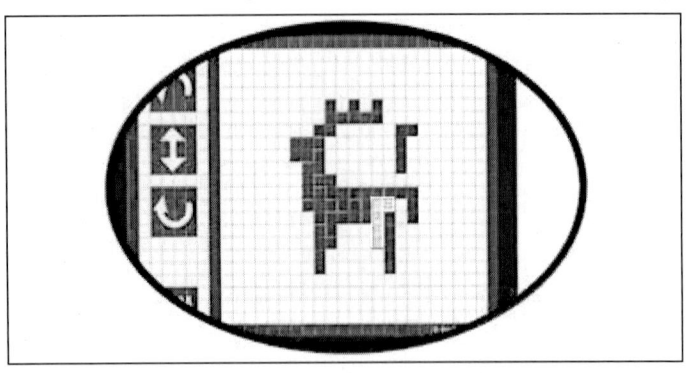

Fonte: <http://www.skakalka.ru\game\on-line\>.

Eles foram divididos em grupos conforme a preferência deles, e receberam cada grupo uma cartolina a qual continha o contorno do Xinavane (Figura 21).

Figura 21 – Alunos montando o Xinavane

Fonte: Acervo dos autores

Em um saco plástico receberam todas as peças que o formariam. Dissemos a eles que quando remontassem (Figura 22) Xinavane ele nos diria onde estava seu HD e, assim, poderíamos ter acesso às informações que nos ajudariam a reconstruir nosso planeta.

FORMAÇÃO DO PROFESSOR DE MATEMÁTICA:
a aprendizagem da atividade pedagógica no PIBID

Figura 22 – Alunos em fase final de montagem do Xinavane

Fonte: Acervo dos autores

Após 10 minutos de tentativas foi revelado a primeira pista, que é a localização exata de uma peça do Xinavane, e a cada 5 minutos as demais pistas (Figura 23) até completar no máximo as 4 dicas. De acordo com a realidade de cada sala esse tempo demudou-se.

Figura 23 – As localizações de algumas peças estratégicas para a montagem de Xinavane

Fonte: <http://www.skakalka.ru\gane\on-line\>.

Após todos os grupos terem conseguido montar Xinavane, os parabenizamos por terem concretizado a tarefa e lhe dissemos que certamente eles tinham percebido que Xinavane não se transformou em um Robô quando colocaram a última peça, mas sim num animal comum da Terra. Explicamos isso dizendo que Xinavane tinha mudado sua forma observável para confundir os Teifos, caso não fosse remontado por um humano como eles. Também lhe dissemos que provavelmente também tinham visto que ele não possuía um HD com as informações roubadas pelos Teifos, informações essas tão necessárias para que eles reconstruíssem o planeta. Contudo, se eles prestassem atenção e fossem bons observadores iriam encontra-las no próprio Xinavane.

Aos poucos descobriram que no verso do Xinavane, escrito a lápis e bem pequeno tinham palavras que davam pistas que os conduziram à biblioteca. Chegando à biblioteca lhes entregamos um quebra-cabeça (Figura 24), que ali representava o HD de Xinavane. Obviamente eles receberam ele todo desmontado e tinham novamente como tarefa remonta-lo para terem acesso as informações que necessitavam. O quebra-cabeça por nós escolhido também como o Xinavane era formado por poliminós, só que com formato diferente do corpo do Xinavane. Dissemos que mais uma vez Xinavane tinha mudado sua estrutura para enganar os Teifos.

Figura 24 – Quebra-cabeça que representava o HD do Xinavane

Fonte: Acervo dos autores.

Como quando eles tinham que montar o Xinavane, preparamos pistas para lhes auxiliar a concretizarem a tarefa de reconstruir o HD:

> 1ª pista: ele deverá ser montado do lado alto para o lado alto da caixa (a mesma possuía um dos 4 lados rebaixado).
> 2ª pista: Cinco das peças que possuem seis blocos de mesma cor, formam um quadrante (Peças da cor vermelha).
> 3ª pista: O restante da montagem dos blocos é aleatório.

Todos os grupos das duas salas conseguiram montar o HD do Xinavane. Com a tarefa por eles cumprida, foi-lhes explicado que assim a raça humana poderia novamente prosperar pois o HD continha valiosas informações sobre o conhecimento matemático adquirido em toda existência humana. Assim, os sobreviventes do ataque alienígena poderiam reconstruir a vida na Terra, utilizando as informações contidas no HD recém montado.

Dessa forma, foi reproduzido o segundo vídeo, este com um cenário completamente diferente do primeiro vídeo apresentado. O vídeo consistia na reprodução de cenários de construções humanas, elegantes pontes e prédios, demostrando que haviam conseguido reconstruir o planeta, podendo assim voltarem a viver de forma harmônica e desenvolvida na Terra.

A próxima etapa da SDA consistiu em iniciar uma discussão relembrando as etapas anteriores, sendo feita também uma exposição das figuras montada do Xinavane e de seu HD, originando um debate acerca de qual das duas ocupava maior espaço. Tal atitude foi intencionalmente planejada para que os alunos iniciassem, ou melhor, voltassem suas atenções à ideia de área. Depois de uma acalorada discussão entre os grupos (todo o tempo intencionalmente mediada por nós), chegaram à conclusão de que ambos Xinavane e seu HD possuíam a mesma área.

Como dissemos em nossa introdução a SDA desse CAEPI fora composta de várias etapas. Nessa última, foi pedido que eles se dividissem em grupos, que representariam suas novas famílias, já que de acordo com a história virtual todos os adultos tinham se extinguido, portanto, poderiam construir novos grupos familiares. A proposta era: receberiam pranchas de isopor, que seriam representativas de lotes territoriais, para arquitetarem a construção de suas casas (Figura 25). As mesmas teriam que caber dentro da superfície a eles ofertada, mais poderia e deveria ser construída para atender às suas necessidades e gostos.

Figura 25 – Alunos de posse de seus lotes para realizarem a construção de suas novas moradias

Fonte: Acervo dos autores.

Teriam uma oferta de fichas (de várias cores, mais dimensões fixas) as mesmas representariam uma unidade de área de 1 m² para construírem suas moradias. Praticamente todos os grupos usaram toda a área disponível para fazerem suas casas (Figura 26).

Figura 26 – Grupo em fase final de construção de sua moradia, fazendo uso total da área disponível

Fonte: Acervo dos autores

Após o término das construções, foram intencionalmente conduzidos a apresentarem a toda a sala suas casas. Explicarem o porquê de terem sido construídas daquela forma, com quantos e quais cômodos. Como também disseram qual era a área e o perímetro que tinham recebido para tal construção, qual fora a área e o perímetro construídos e não construídos. Também foi lhes pedido a área e perímetro de cada cômodo dessa casa. Essas medidas tinham como unidade básica as fichas que utilizaram para a construção.

Como última atividade dessa SDA, foi proposto que os alunos, de posse de uma folha sulfite A4 com o mesmo grupo de pessoas que tinha construído sua nova moradia, agora a representasse como uma planta baixa, fazendo uso das seguintes formas geométricas: quadrado, paralelogramo, retângulo, triangulo, trapézio, losango, círculo. Foi lhes sugerido que quando possuíssem um cômodo que não se encaixava em nenhuma dessas formas, que poderiam decompor ou justapor os polígonos para conseguirem a forma desejada.

Pedimos-lhes que de posse dessa outra representação de suas moradias e fazendo uso da lista de fórmulas para cálculo de figuras planas (lista que se encontrava afixada em cima do quadro negro da sala de aula, e fora colocada pela professora regente) recalculassem as áreas que lhes fora pedido anteriormente. No final os valores das duas propostas de medição de área e perímetro de suas construções foram comparados.

Uma breve análise historiográfica acerca do conceito matemático de área

Posteriormente ao desenvolvimento das situações desencadeadoras de aprendizagem aqui relatadas, resolvemos colocar os alunos a par de uma breve análise historiográfica acerca do surgimento do conceito matemático de área. Afinal, esse era o ponto alto desse CAEPI. Momento no qual os meninos seriam colocados no movimento de compreensão e respostas a questionamentos do tipo: como, onde e porque o conceito de área teria sido criado pela humanidade. Perguntas as quais foram várias vezes feitas durante a etapa anterior.

Nos preocupamos em ter um momento especialmente planejado para dar conta dessas respostas por crermos que a apreciação de historiografias da Matemática e suas relações com o movimento lógico-histórico (KOPNIN, 1978), tido aqui por nós como um inalienável par dialético para o ensino de Matemática, pode se configurar como perspectiva didática, com base no desenvolvimento de atividades de ensino que considerem os elementos teóricos e metodológicos da atividade orientadora de ensino (LEONTIEV, 1983).

A História da Matemática pode nos dar uma nova perspectiva sobre como devemos organizar seu ensino e, consequentemente sua aprendizagem. Com isso, não estamos de forma alguma, querendo que os alunos sigam o mesmo caminho dos matemáticos antigos, mas que compreendam melhor "a natureza do conhecimento matemático e de encontrar, dentro de sua estrutura histórica, novas possibilidades de ensino" (RADFORD, 2011, p. 44). Desta forma, poderemos construir elos entre a causalidade dos fatos e a possibilidade de criação de novas definições do conceito matemático que se pretender ensinar, permitindo compreender a realidade estudada.

Ao planejarmos esse CAEPI vivemos situações que rompiam totalmente com práticas educativas que desconsideram as historiografias da Matemática. Afinal, não vivemos situações de ensino que as contemplasse, nem como alunos da educação básica, nem na licenciatura. Portanto, somente com a forma de organização dessas atividades de ensino e que temos visto uma priorização do pensamento teórico no ensino de Matemática, como também uma valorização dos nexos internos dos conceitos matemáticos e, não apenas os nexos externos, como comumente é ofertado nas aulas de matemática e, infelizmente nas licenciaturas também.

Tivemos o cuidado de mesmo se tratando de uma aula expositiva (na qual expusemos em um Datashow as imagens que ilustravam nossas falas) o ambiente se parecesse mais a uma contagem de histórias. Para tal novamente (semelhante ao que tínhamos feito para contar a estória do Xinavane na situação desencadeadora de aprendizagem) colocamos eles novamente sentados em círculo no centro da sala (antes retiramos as carteiras da sala e as colocamos no corredor), o intuito era promover um ambiente descontraído (outro motivo fora que ao fazermos isso na aula em que contamos a estória do Xinavane eles gostaram, então achamos por bem repetir).

Enquanto, o Datashow reproduzia imagens ilustrativas, íamos colocando-os a par de uma breve síntese historiográfica acerca do surgimento e desenvolvimento do conceito matemático de área. Deixamos claro que eles podiam nos interromper quando quisessem para fazerem perguntas. Nos preocupamos em lhes dizer que nossas falas estavam embasadas em um recorte historiográfico de certo autores, portanto, o que realmente íamos lhes dizer poderia ou não ter acontecido precisamente daquela forma. O texto abaixo se refere ao que fizemos uso para construir nossas falas nessa referida aula. Tínhamos como intuito que vissem o conceito de área como grandeza, ou seja, como objeto matemático que poderia ser manuseado, usado para responder necessidades humanas.

Existem indícios históricos de que ocorreram sociedades desenvolvidas, que se alojaram às margens dos rios Nilo, no Egito, Tigre e Eufrates, na Mesopotâmia, Indo e Ganges, na região centro-sul da Ásia e Hwang Ho e Yangtzé, na Ásia Oriental. Tais sociedades, distinguidas por suas aptidões em engenharia de drenagem de pântanos e irrigação, edificaram obras para os protegerem de inundações, construíram grandes edifícios e estruturas por intermédio de projetos que necessitava de muita geometria prática. O trabalho dos estiradores de corda egípcios do período foi bastante apreciado pelo matemático Demócrito, em razão da exatidão dos seus cálculos. Além de medirem as terras, os estiradores de terra também eram os responsáveis por repartirem heranças e por calcularem todo tipo de tributos que deveriam ser pagos ao faraó.

Vários exemplos concretos demonstram que os babilônios que viveram entre 2000 e 1600 a.C., eram sabedores das regras gerais para a determinação de área de retângulos, triângulos retângulos e isósceles (alguns documentos nos dão pistas que também conheciam como calcular áreas de um triângulo qualquer), e do trapézio retângulo. Historiadores admitem ser também desse período os primeiros documentos historiográficos como livros sagrados e papiros[7] contendo cálculos matemáticos envolvendo geometria plana

---

7   No Egito Antigo, o papiro era encontrado nas margens do rio Nilo. Foi muito utilizado pelos egípcios para diversos propósitos. As folhas eram sobrepostas e trabalhadas para serem transformadas numa espécie de papel, conhecido pelo mesmo nome da planta. Este papel (papiro) era utilizado pelos escribas egípcios para escreverem textos e registrarem as contas do império. Vários rolos de papiro, contendo a vida dos faraós, foram encontrados pelos arqueólogos nas pirâmides egípcias.

e espacial. Exemplificam esse fato os estudos voltados aos papiros Rhind[8], de Moscou[9] e o de Berlim[10]. Esses papiros se tornaram fontes seguras, identificáveis e quantificáveis da origem e modo de utilização de conhecimentos matemáticos da época, também do conceito matemático de área.

Boyer (1974) diz que existe no papiro Rhind situações problema relacionadas ao cálculo de área. Exemplifica isso com o problema 51 desse papiro, o qual contém o cálculo de área de um triângulo isósceles. Tal processo é feito nesse papiro, multiplicando-se a metade do que chamamos de base pela altura. Sendo assim, Ahmes (o escriba que escreveu o papiro) justifica sua metodologia de resolução do cálculo da área para esse tipo de triângulo, o fato de poder ser deslocado de modo que os dois juntos por compensação formem um retângulo (ao falarmos essa parte para os alunos além de mostrarmos o que isso significava, deixamos que eles mesmos recortassem os triângulos e os tornassem retângulos).

No problema 49 do mesmo papiro temos o cálculo da área de um retângulo de comprimento 10 e largura 2. O problema 52 propõe o cálculo da área de um trapézio, com base maior 6, base menor 4 e altura 20. Entre tantos outros exemplos contidos nesse papiro é percebível que naquele dado momento histórico não estava posto os conceitos de deslocamento, transformação e movimento[11] que ao longo do tempo seriam associados e aplicados à ideia de espaço e, nesse caso trariam significativas mudanças ao pensamento matemático.

No final do século de ouro da história da Matemática (330 a.C e 275 a.C aproximadamente) viveu o geômetra grego Euclides, autor de "Os Elementos". Essa obra reúne de modo sistematizado as principais descobertas geométricas de seus precursores sobre os elementos sistemáticos. Dedicando-se ao ensino da Matemática, Euclides atraiu um grande número de discípulos, possibilitando assim a proliferação de suas ideias.

Entre suas discussões, Euclides propunha a ideia da coincidência de duas figuras planas por superposição ser um passo intermediário para se ter

---

8   Também conhecido como Papiro Ahmes, em homenagem ao escriba que o copiou. Acredita-se que o texto original tenha sido escrito por volta de 1850 a. C. Em 1858, o colecionador escocês Henry Rhind o comprou em uma cidade à beira do Nilo. Desde então o documento, que hoje se encontra no Museu Britânico, passou a ser conhecido como Papiro Rhind. O papiro tem 32 cm de largura por 513 cm de comprimento, foi escrito em hierático (uma simplificação dos hieróglifos, lia-se da direita para a esquerda), e contém uma série de tabelas nas quais constam os quocientes de vários tipos de divisão de números naturais, e ainda 84 problemas envolvendo fatos da vida cotidiana acompanhados de suas soluções.

9   Escrito aproximadamente em 1890 a.C. por um escriba desconhecido, o Papiro de Moscou inicialmente era conhecido como Papiro de Golenishchev, em homenagem ao egiptólogo V. S. Golenishchev, que o comprou em 1893. Em 1917, foi comprado pelo Museu de Belas Artes de Moscou. Contém 25 problemas, dos quais muitos se parecem com os do Papiro Rhind. No entanto, alguns problemas são bastante distintos, como um que se refere à área de uma superfície curva e outro que se refere à área de uma pirâmide truncada, além de problemas que resultariam na equação 2x + x = 9.

10 Acredita-se que tenha sido escrito aproximadamente em 1800 a. C. Foi comprado em 1850 por Henry Rhind na cidade de Luxor. No entanto, em razão do mau estado em que se encontrava, só pôde ser analisado 50 anos mais tarde por Shack-Shackenburg. Atualmente, o Papiro se encontra no Museu Staatliche em Berlim. Dois dos problemas contidos neste Papiro dão origem a sistemas de equações nos quais uma das equações é de 1º grau e a outra é de 2º grau. Portanto, pela primeira vez na história (pelo que se sabe até hoje), é apresentada uma solução para uma equação de 2º grau.

11 A ideia de movimento, por exemplo, permitiria que o conceito matemático de função surgisse séculos depois de muitos séculos.

a igualdade de suas áreas. Em outras palavras, se duas figuras se coincidem por superposição, logo são congruentes. Alicerçado em suas conclusões, Euclides enuncia que triângulos com bases iguais, situadas entre o mesmo feixe de retas paralelas, são figuras que se equivalem e, que paralelogramos com as mesmas condições geométricas, são, portanto, figuras também iguais. Conclui-se, portanto, que tanto os triângulos como os paralelogramos nessas condições, possuem áreas iguais. Logo, Euclides infere que figuras com a grandeza "área" iguais, podem ser identificadas como figuras equivalentes. A demonstração dessa inferência euclidiana pode ser provada pela decomposição de figuras planas (nesse momento isso foi proposto e feito com os alunos).

Acontecia, assim a transformação da Geometria empírica dos egípcios e babilônios antigos, no que poderíamos chamar de Geometria sistemática e Geometria demonstrativa. Segundo Baltar (1996) o que estava em jogo era a questão de como se poderia dar um sentido à noção de alguns conceitos matemáticos, entre eles o de área, independentemente da unidade escolhida.

Entretanto, no século XVII a problemática em torno do conceito matemático de área ressurgi. Junto a ele, temos as questões que envolvem a quadratura. Esses problemas, tinham como objetivo comparar áreas de duas figuras planas, com base em uma já conhecida. Antigamente, na Matemática grega clássica, não se media áreas de regiões poligonais da maneira como fazemos hoje. Por exemplo, nos Elementos de Euclides não se encontra nenhum resultado semelhante aos que usamos nos dias atuais para calcular a área de um triângulo. Hoje sabemos que o produto entre o comprimento da base e a metade do comprimento da altura, resulta na área de um triângulo qualquer.

É claro que aqueles que trabalhavam com medições de terra (os estiradores de corda) daquela época sabiam na prática calcular a área de regiões poligonais, contudo na Matemática pura dos gregos isso não acontecia. Logo, para lidar com essas grandezas, o caminho era a comparação. Por exemplo, imagine que duas pessoas receberam por herança um pedaço de terra plana, cada uma, e desejaram descobrir qual deles recebera o terreno de maior área. Por se tratar de dois terrenos planos poligonais, o caminho seria transformá-los em quadrados equivalentes, podendo assim comparar se os dois tinham mesmo tamanho, tamanhos diferentes ou até mesmo se havia uma proporção entre eles.

Esse processo de transformar uma região poligonal em um quadrado equivalente é conhecido como "quadratura de uma região poligonal" (nesse momento da aula, novamente oferecemos a eles uma atividade que propunha por esse método encontrar a área de uma figura desconhecida). Foi daí que surgiu a expressão "fazer a quadratura do círculo", dos três problemas clássicos dos gregos, o mais fascinante. O interessante é que mesmo com a demonstração de que a solução com régua e compasso é impossível, vários matemáticos ainda buscaram fazer, com algumas adaptações, essa "quadratura" usando apenas esses instrumentos. Os egípcios, por exemplo, chegaram a "resolver" esse problema por volta de 1800 a.C., contudo, tiveram que assumir o lado do quadrado como 8/9 do diâmetro do círculo dado. Entretanto, os matemáticos contemporâneos já provaram a impossibilidade de tal quadratura.

Segundo Baltar (1996) o problema do relacionamento das áreas, geraram uma oposição entre o método dos indivisíveis (Cavalieri) e o método da exaustão (Arquimedes), que acabaram por provocar uma oposição entre os métodos de descoberta, de invenção e de demonstração em Matemática. Para a autora, o conceito de área visto e compreendido pelo viés da ideia matemática de quadratura, é a essência da discussão entre os conceitos matemáticos fundamentais referentes a infinito e contínuo. Corrobora, ainda dizendo que na noção de indivisível, encontram-se problemas de dimensão análoga de alguma forma aos problemas que se encontram entre os conceitos de área e perímetro, problemas esses tão facilmente notados quando damos aula na educação básica.

Nas ações da Situação desencadeadora de aprendizagem fica notório que a ideia de área que ali estava encarnada, se coaduna com o conceito de área tido por Baltar (1996), ou seja, isso pressupõe que estávamos tomando área como grandeza. O interesse em considerar as classes de equivalência encontra pertinência no fato de que queríamos que os alunos construíssem sentidos individuais acerca do conceito matemático de área, independentemente da unidade escolhida (por isso as peças do Xinavane e do se HD não possuíam unidades preestabelecidas).

Portanto, ficou claro em nossas ações dentro da SDA que não pretendíamos definir o conceito de área, nem estabelecer as unidades de medida para o cálculo de área, muito menos coloca-los em situações que precisassem decorar as fórmulas para se obter a área de polígonos conhecidos. Queríamos era coloca-los num movimento de mobilização de apropriação do conceito de área como grandeza, de forma que percebessem os nexos internos entre eles: grandeza e área.

Desta forma, apreender, se apropriar do conceito matemático de área, ou seja, o saber matemático que permite comparar e medir o espaço ocupado por uma superfície, é essencialmente importante nos planos teórico e prático de problemas relacionados às propriedades matemáticas, voltadas a soluções de situações emblemáticas acerca de medidas. Assim, podemos chegar a compreensão do conceito matemático de área como grandeza sem o recurso numérico, como fizemos no início de nossa SDA.

Essa atividade nos aproximou de saberes docentes que somente são adquiridos quando provindos da relação dual entre teoria e prática. Como já dito anteriormente realizamos diversas reuniões para planejamento de nossos CAEPI, nas quais analisamos todos os possíveis 'problemas' que podem ocorrer durante nossa ida a escola, estes sendo possíveis dúvidas, perguntas, controle do tempo que cada etapa pode durar entre outros, ou seja, estávamos todo o tendo envolvidos num processo de avaliação e elaboração de outras sínteses sobre o processo de nossas aprendizagens da docência em matemática que ali ocorria.

Conclusões

Refletindo sobre o papel do educador, percebemos que o mesmo tem a função de contribuir para o processo de humanização dos sujeitos. Cabe ao professor oferecer instrumentos necessários para que os sujeitos em formação possam se humanizar, aprendendo formas de intervir, ressignificar e transformar o mundo que o cerca" (LIBÂNEO, 2004; NUNES, 2000). Em relação a esse aspecto é preciso situar o aprendizado em uma dimensão histórica, compreendendo o ser humano como produto de suas relações sociais e produtor de conhecimentos. Fora isto que oportunizamos a nós mesmos e, posteriormente, aos alunos da escola-parceira.

Portanto, o CAEPI aqui apresentado teve como objetivo mostrar o conhecimento matemático integrado e plantado num contexto de produção de conhecimento, conferindo-lhe seu caráter interdisciplinar. Na sua organização, foi sopesada a apreensão que pode ser feita pelo sujeito da cultura humana, posicionando-o num lugar histórico, com o intento de articular história e ensino. Dessa maneira, estabelecemos uma conversa com o passado sem repetir o percurso histórico. Isso foi possível porque, inicialmente, erguemos uma interconexão entre história e ensino.

Por constituição de interface nos aludimos à composição de um contíguo de ações e produções que levam em consideração o movimento do pensamento na formação do conceito e o contexto no qual os conceitos foram desenvolvidos. Desse modo, a interface dirige à reflexão sobre o processo histórico da construção do conhecimento para a preparação de atividades de ensino que conjugam historiografia e ensino de matemática.

O caráter teórico-metodológico da inter-relação entre historiografia e ensino de matemática não necessita puramente municiar os sujeitos de um elevado banco de dados e relatos históricos para que assim sozinho construa suas conjecturas, pois o consumo de esforços para compreendê-lo pode ir além dos desígnios de ensino. A intencionalidade do professor nesse momento é fator importante, ou seja, devemos nos atentar ao que queremos ensinar com essa abordagem, quem são nossos alunos e qual contexto educacional estamos inseridos.

Por conseguinte, a interface permite uma organização do ensino que contempla hipóteses dentro de um campo de possibilidades do desenvolvimento do conceito. Este campo leva em conta os nexos internos trazidos à sala de aula pela síntese historiográfica e pela forma de desenvolvimento do pensamento do conceito matemático abordado, permitindo a construção do significado do objeto matemático pelo sujeito.

Salientamos que atividades de ensino desse norte podem conduzir a questões conceituais não contempladas no formato que temos posto para o ensino e aprendizagem da matemática da educação básica, visto que tais questões podem estar ligadas à história, ao ensino ou a outras áreas de conhecimento. Desse modo, atividades de ensino de matemática dessa maneira organizadas podem contribuir para novas investigações, incentivando novas análises. Assim, as ações dessas atividades e as investigações delas oriundas compõem a dinâmica da dialética no campo de possibilidades da interface entre história da matemática e seu ensino.

Para a maioria dos matemáticos e educadores, a História da Matemática deve estar presente em sala de aula. Contudo, é fato que o discurso entra em contradição com a prática, mais pelo fato de existirem muitas dúvidas a respeito da melhor forma de utilizar tal recurso. A História da Matemática é sem dúvida um importante recurso pedagógico e a sua utilização em sala de aula não é algo tão novo entre os matemáticos. Foi na década de 1980 que ela começou a se destacar com a criação do History and Pedagogy of Mathematics (HPM) que está ligado à Comissão Internacional de Ensino da Matemática (ICMI). Esses órgãos incentivam o uso da História da Matemática para despertar o interesse dos alunos em sala de aula.

Contudo, não podemos cair na ilusão de que usar esse recurso pedagógico apenas como fator motivador é algo que vai despertar o interesse do alunado, pois se isso fosse mesmo verdade as aulas de História espalhadas pelo mundo seriam as mais desejadas pelos alunos. Por isso, devemos ir além de contar simplesmente a história, mas usar esse recurso para tornar os conteúdos matemáticos mais atrativos e interessantes de serem descobertos e apreciados. Destarte, queremos evidenciar que a história da matemática não foi utilizada como um instrumento para "contar a história", mas sim, como um instrumento para o professor se apropriar do processo lógico-histórico do conceito que seria ensinado e utiliza-lo para o desenvolvimento de atividades de ensino que "reproduzam" a essência da necessidade humana ao criar tal conceito. Essa é a orientação teórico-metodológica da Atividade Orientadora de Ensino, tal como conceitua Moura (1996) e que foi a base teórico-metodológica desse CAEPI.

Podemos pensar: nenhum professor de Matemática é obrigado a ir além do que o currículo da educação básica exige. É claro que os PCN's e as DCN's orientam, os cursos de formação incentivam, a pedagogia recomenda, mas o que se percebe ainda atualmente é que o enorme currículo mínimo da educação básica, impede aos professores o uso contínuo de inovações para suas aulas. O mundo fascinante da história do conhecimento, e não menos fascinante ainda, o da história da matemática, é algo que deveria ser intensamente explorado nas aulas de matemática. É fato que os livros didáticos em sua maioria se preocupam com isso trazendo introduções de capítulos ou até mesmo citações posteriores a assuntos ensinados que buscam estimular alunos e professores sobre o tema.

Contudo, acreditamos que uma reorganização curricular que oferecesse condições aos professores de explorar e desenvolver melhor os temas seria uma boa alternativa. Ter fatos históricos entremeados de um conteúdo matemático a ser ensinado pode se tornar uma possibilidade bastante útil para o ensino e aprendizagem da matemática escolar. Um conteúdo como geometria, e mais especificamente a parte que trata de área de figuras, se acrescentarmos a história da matemática na questão podemos dar ao nosso aluno respostas a perguntas do tipo: Por que estou estudando isso? Qual a relevância de tal conteúdo? Quem e quando criaram isso? Documentos oficiais de mais de uma década como os conhecidos PCN's já valorizavam a incrementação da história da matemática no processo de ensino e aprendizagem por propiciar compreensão mais ampla da trajetória dos conceitos e métodos dessa ciência. Além do fato de que a própria História da Matemática também tem se transformado em assunto específico, um item a mais a ser incorporado ao rol de conteúdos, passando a ser mais que apresentação de fatos ou biografias de matemáticos famosos.

Em relação à formação do professor de matemática, os PCN´s acrescentam que o conhecimento da história do desenvolvimento dos conceitos matemáticos precisa fazer parte do seu processo formativo para que tenham elementos que lhes permitam mostrar aos alunos a Matemática como ciência que não trata de verdades eternas, infalíveis e imutáveis, mas como ciência dinâmica, sempre aberta à incorporação de novos conhecimentos. Afinal qual o professor que nunca se deparou com a pergunta do tipo: Quem inventou a Matemática?

Como professores tão somente teremos condições de responder essa pergunta se ensinamos Matemática como criação humana, mostrando as necessidades e preocupações de diferentes culturas, em diferentes momentos históricos, estabelecendo comparações entre os conceitos e processos matemáticos do passado e do presente. Somente dessa forma teremos possibilidade de desenvolver atitudes e valores mais favoráveis do aluno diante do conhecimento matemático. Além disso, conceitos matemáticos abordados em conexão com sua história constituem-se veículos de informação cultural, sociológica e antropológica de grande valor formativo como homens propensos a se tornarem humanos, ou seja, o ensino de Matemática em interconexão com sua História é, nesse sentido, um instrumento de resgate da própria identidade cultural, na condição de seres de uma mesma espécie.

REFERÊNCIAS

BALTAR, P. M. **Enseignement-apprentissage de la notion d'aire de surface plane**: une étude de l'acquisition des relations entre les longueurs et les aires au cóllege. Tese de Doutorado, Universidade Joseph Fourier, Grenoble, França, 1996.

BOYER, C. B. **História da Matemática**. 7. ed. São Paulo: Blucher, 1974.

ENGELS, F.; MARX, K. **A ideologia alemã**. São Paulo: Ed. Centauro, 2002.

KOPNIN, P.V. **A dialética como lógica e teoria do conhecimento**. Rio de Janeiro: Civilização Brasileira, 1978.

LEONTIEV, A. N. **O desenvolvimento do psiquismo**. Lisboa: Livros Horizonte, 1978.

_____. **Actividad, conciencia, personalidad**. La Habana: Editorial Pueblo y Educación, 1983.

LIBÂNEO, J. C. A didática e a aprendizagem do pensar e do aprender: a Teoria Histórico-Cultural da Atividade e a contribuição de Vasili Davydov. **Revista Brasileira de Educação**, n. 27, p. 5-27, 2004.

MORAES, M. C.; TORRE, S. **Sentir e pensar**: fundamentos e práticas para reencantar a educação. Petrópolis/RJ: Vozes, 2004.

MOURA, M. O. A séria busca no jogo: do lúdico na matemática. In: KISHIMOTO, T. M. (Org.). **Jogo, brinquedo, brincadeira e a educação**. São Paulo: Cortez, 1996.

MOURA, M. et al. A atividade orientadora de ensino como unidade entre ensino e aprendizagem. In: MOURA, M. (Org.). **A atividade pedagógica na teoria histórico-cultural**. Brasília, DF: Liber Livro, 2010.

NUNES, C. do S. C. **Os sentidos da formação contínua de professores:** o mundo do trabalho e a formação de professores no Brasil. 152 f. Tese (Doutorado em Educação) – Faculdade de Educação, Universidade de Campinas, Campinas, 2000.

RADFORD, L. Sullo sviluppo del pensiero matematico nei giovani studenti: la graduale armonizzazione di percezione, gesti e simboli. In D'AMORE, B.; SBARAGLI, S. (Eds.). **Un quarto di secolo al servizio della didattica della matematica**. Bologna: Pitagora.2011.

SFORNI, M. S. F. Aprendizagem conceitual e organização do ensino: contribuições da teoria da atividade. REUNIÃO ANUAL DA ANPEd, 26, 2003, Poços de Caldas. **Anais...** Poços de Caldas: ANPEd, 2003.

SILVA, M. M. **Estágio Supervisionado**: o planejamento compartilhado como organizador da atividade docente. Dissertação de Mestrado, Goiânia, Programa de Mestrado em Educação Ciências e Matemática, Universidade Federal de Goiás. 2014.

SOUSA, M. do C.; PANOSSIAN, M. L.; CEDRO, W. L. **Do movimento lógico e histórico à organização do ensino**: o percurso dos conceitos algébricos. Campinas, SP: Mercado de Letras, 2014.

O CONCEITO DE FRAÇÃO ENTRE DUAS MARGENS: do seu surgimento à necessidade de apropriação pelos alunos

Angélica Paula Costa Santos
Erika Lúcia Ferreira de Jesus
Géssica Alves Dias
Renata Fernandes Pinheiro

Introdução

Como professores vivenciando nosso processo de formação inicial, encontramos no Subprojeto PIBID um espaço propício para socialização dos conhecimentos necessários para a constituição de nossas atividades pedagógicas. Neste sentido, compreendemos a importância da busca por um espaço de aprendizagem, que segundo Cedro (2004, p. 47, grifo do autor) seria o *"lugar da realização da aprendizagem dos sujeitos orientados pela ação intencional de quem ensina"*, pois tal ambiente pode viabilizar a transformação do nosso modo de enxergar a realidade, seja ela acerca do ensino ou da aprendizagem de matemática da\na educação básica.

Essa transformação aqui é entendida como a proposição de outra organização para o ensino e a aprendizagem de matemática em nossas escolas, caracterizado basicamente em um ensino mecânico, no qual os alunos não compreendem de fato o conceito matemático que ali se encontra posto. O que acontece é uma repetição de exercícios pré-disponibilizados em um ensino alicerçado quase exclusivamente em aulas expositivas. Na concepção de Libâneo (2014) no ensino tradicional o professor é tido como aquele que detém o conhecimento, que é visto como "repertório de técnicas de ensino", desta forma o aluno tem dificuldades em construir sentido pessoal para o que lhe é ensinado. Assim, com essa mudança de percepção acerca do ensino e da aprendizagem em matemática, buscamos transcender o estágio de nosso desenvolvimento atual, levando-nos a entrar em Atividade, ou seja, nos dispusemos a agir, partindo de uma necessidade por nós encontrada, que era nos apropriarmos das particularidades da docência em matemática (LEONTIEV, 2001).

Percebemos, deste modo, que somente propondo outra organização para o ensino de matemática, poderíamos criar necessidades nos alunos da educação básica para se apropriarem dos conceitos matemáticos propostos em nossas aulas. Tínhamos então, a intencionalidade de promover em nossos alunos a apropriação dos conceitos matemáticos vistos como conhecimentos historicamente produzidos, e possibilitar que de posse deles tenham condições de se humanizarem, já que o ponto de partida que assumimos como fundamentação teórica de nossas ações é que "todo homem nasce candidato a ser humano, mas somente se constituirá humano ao se apropriar da cultura produzida pelos homens" (LEONTIEV, 1978, p. 84). Aqui, os conceitos matemáticos são tidos como parte dessa cultura humana.

Com o objetivo de colocar em prática as reflexões teóricas acima propostas, no primeiro semestre de 2014, planejamos um Conjunto de Atividades de Ensino Planejadas Intencionalmente (CAEPI) mediado pelo conceito de fração. De acordo com Silva (2014) seria o CAEPI um conjunto de atividades de ensino planejadas intencionalmente embasado teórico-metodologicamente na AOE, que segundo Moura (2002, p.155) é

> Aquela que se estrutura de modo a permitir que sujeitos interajam, mediados por um conteúdo, negociando significados, com o objetivo de solucionar coletivamente uma situação-problema. É atividade orientadora porque define elementos essenciais da ação educativa e respeita a dinâmica das interações que nem sempre chegam a resultados esperados pelo professor. Este estabelece os objetivos, define as ações e elege os instrumentos auxiliares de ensino, porém não detém todo o processo, justamente porque aceita que os sujeitos em interação partilhem significados que se modificam diante do objeto de conhecimento em discussão.

As turmas escolhidas para desenvolvermos esse CAEPI de frações, foram selecionadas por apresentarem muita dificuldade com esse conceito matemático em questão. Como umas das nossas ações no Subprojeto e auxiliar a professora supervisora em sala de aula, então tínhamos bastante contato com eles e pudemos notar essa dificuldade. Apesar das dificuldades demonstravam grande interesse em aprender, ainda mais quando perceberam que fariam parte de uma atividade desvinculada do método com qual estavam acostumados (eram dois sextos anos e dois sétimos anos do ensino fundamental, cada sala possuía em média 30 alunos).

No intuito de colocarmos o leitor a par do nosso movimento de desenvolvimento das atividades e de como nós e os alunos fomos entendendo o que ali se materializava, organizamos o capítulo nos seguintes subtópicos: primeiramente explicamos os motivos que nos conduziram à escolha do conteúdo de frações para ser ensinado nesse CAEPI. Em seguida, esclarecemos como e porque criamos uma viagem no tempo em forma de história virtual para que eles diante dessa situação desencadeadora de aprendizagem pudessem ter condições de compreender o processo de surgimento desse conceito matemático tão imprescindível, que é a fração. De forma contígua ao movimento de permissão de apropriação dos elementos históricos pertencentes a gênese do conceito de fração, abordamos os principais marcos históricos que delineiam esse processo. Em seguida elucidamos como se deram o conjunto de atividades avaliativas da aprendizagem que propusemos especialmente para esse CAEPI. Já como forma de reflexões acerca dos aprendizados, tanto da matemática, como de nossa docência, propusemos no penúltimo subtópico uma breve discussão sobre a justaposição de tais processos. No final, apresentamos as nossas considerações, dando destaque às principais contribuições dessas atividades, delineando os aspectos que consideramos primordiais neste processo por nós constituído.

Fração? É difícil, e eu não sei fazer conta com ela

Como dissemos anteriormente, o que nos fez escolher fração para ser o conceito que mediaria esse CAEPI foi o fato de que ao longo de todo um ano letivo acompanhado essas salas termos notado a imensa dificuldade que eles possuíam de entender qualquer proposta que fosse entrelaçada por esse conceito. Através da observação e monitoria junto a professora supervisora algo nos chamou a atenção: os alunos tinham receio de estudarem certos conceitos matemáticos, um deles era o de fração. Com base nisso, nasceu a nossa inquietação de fazer com que os alunos olhassem para o conceito de fração como um aliado e não como um gigante obstáculo. Disto surgiram debates em nosso grupo que nos levaram a elaboração de um CAEPI sobre fração.

Esta atividade teve como finalidade criar motivos nos estudantes que os levassem a agir tomando-se por base uma necessidade, e estas ações os conduzissem ao entendimento da essência do conceito de fração. Assim, de forma consciente, agimos com o objetivo de mediar o conceito de fração, no intuito de intencionalmente, garantir que os alunos atribuíssem significados ao referido conceito.

Ás margens do Nilo: de volta ao passado a bordo da máquina do tempo

Optamos por iniciar esse CAEPI pela situação desencadeadora para que os alunos não fossem influenciados pela síntese histórica durante a resolução da problemática que estava envolvida em todo o contexto histórico do surgimento do conceito matemático de fração, e também com o objetivo de não perder a "magia" da descoberta. Decidimos que não contaríamos aos alunos que trabalharíamos com o conceito de fração. Com isso pretendíamos que ao resolverem a problemática proposta, estes por si próprios chegassem ao conceito de fração.

Para tanto, criamos uma história virtual para que os alunos "vivenciassem" um dos momentos históricos em que foi necessário que se desenvolvesse o conceito de fração, neste caso, o Egito aproximadamente no ano de 300 a.C. Reproduzimos em sala de aula o ambiente similar ao que a civilização egípcia se deparou com um problema ocorrido anualmente às margens do rio Nilo. A imagem que segue retrata o ambiente histórico reproduzido em sala (Figura 27).

Figura 27 – Ambiente histórico reproduzido em sala durante a SDA

Fonte: Acervo dos autores

Este ambiente, margens do Rio Nilo, foi confeccionado com papel Carmem (20 folhas na cor azul e 28 na cor laranja): a forma como os papéis foram dispostos no chão da sala, reproduzia o rio com suas duas margens, e as mesmas possuíam medições demarcadas, simbolizando a demarcação das áreas dos territórios dos camponeses egípcios. O perímetro dessas áreas demarcadas, intencionalmente possuíam medidas que não poderiam ser expressas por números inteiros.

Inicialmente, explicamos aos alunos que os egípcios antigos tinham a necessidade de constantemente medir suas terras com a finalidade de pagar impostos ao faraó. Pelas cheias do Nilo, as terras situadas às suas margens eram invadidas pelas águas, que derrubavam as demarcações dos limites das terras já estabelecidas, criando a necessidade de medi-las novamente (BOYER, 1994).

Em seguida explicitamos que os conceitos matemáticos surgem de necessidades humanas e que passam por transformações ao longo do tempo, em razão da evolução humana. Assim, para que pudessem vivenciar as mesmas necessidades que a civilização egípcia enfrentou, eles seriam transportados através de uma Máquina do Tempo, para as margens do Rio Nilo, com as mesmas condições dos egípcios, sendo, portanto, estiradores de corda.

Tínhamos a finalidade de que os alunos medissem as terras como se fossem estiradores de corda do faraó, portanto, responsáveis pelo cálculo dos impostos cobrados aos proprietários de terra da época. Para tal, os alunos foram organizados em oito grupos, e cada grupo escolheu um líder que representava o proprietário das terras durante a atividade, e os demais seriam estiradores de corda. Para possibilitar as medições, fornecemos a cada grupo uma corda de um metro e meio de comprimento com nós, feitos em intervalos de 30 cm em toda sua extensão; um papel que simulava o papiro utilizado pelos egípcios para fazer anotações e fita crepe, para demarcar os limites das propriedades (perímetro), uma vez que com a cheia do Nilo, as demarcações devem ser refeitas.

Com isso, os estiradores de corda de cada grupo foram medir o tamanho dos lados dos territórios de seus respectivos grupos (estabelecidos anteriormente por meio de sorteio). Em certo momento surgiu a primeira inquietação: uma aluna perguntou como iriam medir as propriedades, se não possuíam nada além de uma corda com nós. Respondemos que esta era a questão vital da atividade, que eles deveriam descobrir um método para fazer as medições, com as condições objetivas (materiais) disponíveis a eles no momento.

Após momentos de reflexão, uma aluna manifestou-se dizendo: "Professores, o espaço entre um nó e outro vale um?", com isso, os demais grupos ficaram atentos para ouvirem a resposta, logo, foi elucidado que sim, que os espaços entre um nó e outro, eram a unidade de medida usada há muitos anos naquela civilização, e que ainda não existia as unidades de medida utilizadas atualmente como o metro, quilômetro, jardas entre outros. E que na verdade era o espaço que se chamava nó. Vemos nessa imagem os alunos anotando em seus "papiros" os resultados de suas medições (Figura 28).

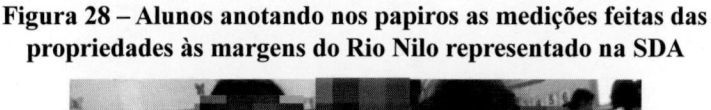

Figura 28 – Alunos anotando nos papiros as medições feitas das propriedades às margens do Rio Nilo representado na SDA

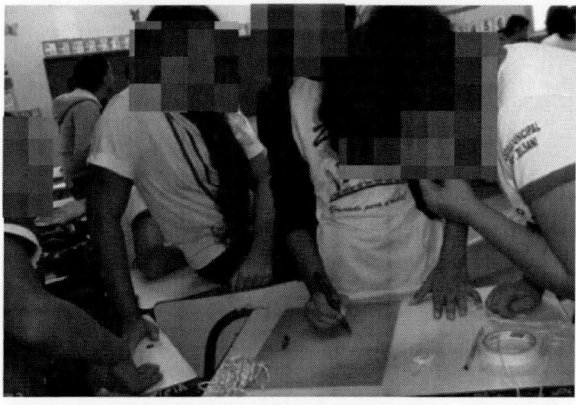

'Fonte: Acervo dos autores.

Posteriormente, os grupos voltaram às medições e suas devidas anotações. Todos desenharam as formas geométricas de seus respectivos territórios. É interessante ressaltar aqui, que cada grupo teve seu próprio método para representação das medidas obtidas. Certo grupo desenhou bolinhas referindo-se aos nós da corda, em um dos lados da fazenda estava escrito "duas bolinhas e meia". Outro grupo fez as anotações utilizando os seguintes números decimais deduzidos por eles ao dobrarem a corda ao meio, sucessivas vezes: 11,05; 5,7; 1,55. Já outros escreveram a quantidade de nós seguida da expressão "um pedaço", por exemplo, 2 nós e um pedaço. Durante esta etapa, nós buscamos não interferir no método escolhido por eles para simbolizar os valores encontrados.

Depois que todos mediram os tamanhos dos lados de suas terras, e registraram as medidas em seus "papiros", simulamos a cheia do Nilo, que tinha como consequência o alagamento das terras: o papel azul que representava o Rio Nilo, foi aberto sobre parte do papel alaranjado que representava as terras situadas às margens do mesmo.

Os alunos receberam uma nova missão: refazer a medição das propriedades, tendo em vista que os impostos pagos ao faraó eram proporcionais ao tamanho das terras de cada proprietário (Figura 29). Nesta nova medição eles utilizaram a fita crepe para remarcar as propriedades, para em seguida medi-las.

Figura 29 – Como ficaram as terras após a cheia do Rio Nilo representado na SDA

Fonte: Acervo dos autores

Novamente, as medidas encontradas não apresentaram números inteiros, e ao serem questionados sobre esses valores um dos alunos disse que aquele pedaço que sobrava do espaço entre os nós, era uma fração, que se os egípcios não tinham frações naquela época então eles tiveram que inventar, pois o único jeito de resolver aquela situação era usando frações. Ao ser questionado sobre o porquê daquela afirmação ele disse: "Tia não dá um número inteiro, é só um pedaço da unidade do nó, então deve ser fração".

Com estas palavras iniciamos uma discussão com todos os grupos, formando um círculo na sala, no qual cada líder relatava o que o seu grupo havia entendido com base na atividade desenvolvida. Todos concordaram que o conceito utilizado na resolução daquela situação problema presente na história virtual[12] era o de fração.

Todos nós ficamos satisfeitos com os resultados obtidos ao final desta etapa da atividade, pois concluímos que nossa mediação os levou a enxergar a essência do conceito matemático de fração, desencadeando a aprendizagem dos alunos ao colocá-los em contato com um fenômeno ocorrido em um dado momento histórico, pois nas palavras de Leontiev (1978, p. 88): "para que cada nova criança possa apropriar-se das conquistas humanas, não basta estar no mundo, é necessário entrar em contato com os fenômenos do mundo circundante pela mediação dos outros homens".

AS marcas históricas do desenvolvimento do conceito

Depois dos indícios de apropriação da essência do conceito de fração em evidência nos alunos, passamos à segunda etapa de nosso CAEPI que era a síntese histórica do surgimento do conceito em questão. Isso foi feito com o auxílio de uma apresentação de slides, que expunha a eles a história do referido conceito e a sua relação com a antiga civilização egípcia. Deixando evidente aqui o fato de a síntese histórica do surgimento do referido conceito fora anteriormente estudado pelos Pibidianos, afinal era com base nesse estudo que construíamos nossa SDA. Em outras palavras, primeiramente com base em autores da história da Matemática nos construíamos a síntese histórica do conceito e, posteriormente, com base nela desenvolvíamos a SDA.

Em nossa atividade, buscamos responder as seguintes questões: como, onde e por que surgiu o conceito matemático de fração. Acreditando que na qualidade de professores em formação, devemos organizar o nosso ensino de modo que deixemos clara a unidade entre o lógico e o histórico, pois de acordo com Leontiev (1978, p. 268) "para apropriar-se de um objeto ou fenômeno, que são produto do desenvolvimento humano", o sujeito deve compreender a sua história, assim, envolvidos na construção de um conceito (através de um ensino assim organizado) os alunos têm a possibilidade de compreender a sua estruturação no movimento da realidade humana.

---

12 Segundo Moura e Lanner de Moura (1998) a história virtual se caracteriza por uma situação problema vivida por um personagem, dentro de uma história.

O ápice dessa etapa da atividade ocorreu durante a elucidação do movimento lógico-histórico do conceito de fração. O encantamento dos alunos foi perceptível e objetivado no envolvimento na atividade: demonstraram tamanho interesse sobre o assunto que sentiram a necessidade de sanar todas as suas dúvidas a respeito dos elementos históricos, sociais e culturais da época onde surgiu o referido conceito.

Os tópicos principais abordados nos slides foram:

1. Mapas da região da Península Ibérica e do Egito;
2. Agricultura e irrigação na antiguidade;
3. Pirâmide social no Egito;
4. Papiros com hieróglifos;
5. Escribas e estiradores de cordas;
6. Rio Nilo na antiguidade e na atualidade;
7. Escrita matemática egípcia há 300 a.C.
8. Frações unitárias egípcias

A organização do ensino, tal como o desenvolvemos, se mostrou de fundamental relevância para o desfecho positivo da atividade, de modo que este processo desencadeou a aprendizagem dos alunos, mas, principal e especialmente a nossa aprendizagem da docência.

As últimas ações do CAEPI em desenvolvimento

O planejamento da última etapa da atividade envolveu a elaboração de 30 perguntas referentes à síntese histórica do conceito e situação desencadeadora de ensino. Tais perguntas foram feitas aos alunos durante uma competição de perguntas e respostas entre os grupos formados durante a SDA. Deste modo, cada grupo recebeu quatro placas que continham respectivamente as letras A, B, C, D.

As perguntas eram feitas por nós e escolhidas mediante sorteio. Os alunos iniciavam o processo de resolução das perguntas, as respostas dos cálculos e questionamentos sobre a síntese histórica eram copiadas e deixadas no caderno. Dessa forma, após refletirem coletivamente sobre as respostas, o representante de cada grupo levantava a placa contendo a letra que indicava a alternativa que acreditavam ser a resposta correta. Após avaliarmos a quantidade de respostas certas de cada grupo, foi colocado na lousa o placar da competição.

Durante a correção das atividades propostas, optamos por não colaborar de maneira mecânica (simplesmente corrigindo os cálculos), pois tal ação faria com que os conceitos perdessem suas especificidades, restringindo o potencial dos alunos à memorização de técnicas que não garantem a construção de significados. Optamos, portanto, a auxiliá-los de modo que atuássemos na zona de desenvolvimento proximal dos alunos, agindo intencionalmente para que eles se apropriassem dos nexos conceituais presentes na atividade proposta.

Nesta etapa ficou evidente que o envolvimento dos alunos nas demais etapas da atividade propiciou uma aprendizagem significativa na maioria deles, pois, a quantidade de acertos foi mais alta que o esperado. Diante dessa perspectiva, compreendemos que conseguimos estruturar nossa atividade de modo que a atividade de ensino se transformou em atividade de aprendizagem para os alunos (SFORNI, 2003).

Lado a lado: processo de ensino e processo de aprendizagem da\ na docência

Nossa iniciação à docência durante a formação inicial, em especial no ambiente do Subprojeto PIBID, envolve diferentes aspectos desde nosso primeiro contato com a prática docente. A referida atividade ocorreu em um momento em que havíamos nos apropriado de uma dada postura teórica que a nos fora ofertada na forma de leituras e discussões de artigos que abordavam a formação inicial de professores de Matemática, a organização do ensino e o papel do professor. Tais artigos tinham como base teórica a teoria histórico cultural, a teoria da atividade e a Teoria do Ensino Desenvolvimental. Portanto, os teóricos a nos apresentados eram: Vigotski, Leontiev e Davidov.

Certamente algumas angústias ainda nos acompanhavam, contudo, o planejamento e o compartilhamento das ações em momentos anteriores a este, possibilitaram o domínio de conhecimentos específicos e pedagógicas acerca do exercício da peculiar atividade pedagógica do professor de matemática. .

"Ser professor" é realmente uma experiência muito complexa, portanto, o domínio de elementos teóricos foi fundamental para que os objetivos esperados fossem realmente alcançados. Neste sentido, o compartilhamento das aprendizagens e a discussão teórica que ocorriam sempre nas reuniões do grupo foram essenciais para que compreendêssemos a importância da organização do ensino.

Assim, desmistificamos algumas idealizações que construímos ao longo de nossa trajetória escolar e assumimos uma postura capaz de possibilitar que durante o desenrolar da atividade pedagógica em sala de aula nos colocássemos em Atividade de ensino e consequentemente, nossos alunos em Atividade de estudo.

Buscamos organizar o ensino, e para tanto, nos mobilizamos para que nosso ensino resultasse em aprendizagem para nossos alunos. Este processo envolveu a abordagem lógico-histórica dos conhecimentos, o que resultaria em atribuição de sentidos para o que lhes seria exposto.

Considerações finais

Essa atividade buscou levar os alunos a uma apropriação conceitual, pautada em uma organização de ensino que possibilitasse a formação da essência do conceito matemático de fração. Uma atividade de ensino organizada dessa forma possibilitou uma transformação em nós, como mediadores nesse processo de humanização dos nossos alunos, pois após refletirmos sobre a nossa prática, percebemos resultados positivos de nossa atividade docente. Organizamos nosso ensino de modo que deixássemos clara a unidade entre o lógico e o histórico, para que os alunos construíssem coletivamente os nexos conceituais presentes na referida atividade, negociando significados na busca de uma solução para a situação problema proposta por nós.

Tínhamos o objetivo de favorecer a apropriação da cultura humana elaborada historicamente, e não apenas ensinar técnicas e métodos de resolução e treino que não garantem que os alunos internalizem o conceito que está sendo posto. Para tanto, procuramos criar condições e circunstâncias que gerassem nos alunos a vontade de aprender, colocando-os em Atividade.

Pensar e desenvolver essa atividade foi de vital importância para nossa formação, pois criamos um espaço de ensino-aprendizagem que nos propiciou compreender a importância da nossa função como organizadores do ensino, despertando-nos para a fundamental relevância do planejamento, além de gerar experiências transformadoras que nos capacitarão na nossa futura atividade docente.

REFERÊNCIAS

BOYER, C. B. **História da Matemática**. 7. ed. São Paulo: Blucher, 1994.

CEDRO, W. **O espaço de aprendizagem e a atividade de ensino**: o Clube de Matemática. 2004. Dissertação (Mestrado em Educação: Ensino de Ciências e Matemática) - Faculdade de Educação, Universidade de São Paulo, São Paulo, 2004

LEONTIEV, A. N. **O Desenvolvimento do Psiquismo**. Lisboa: Horizonte Universitário, 1978.

_____. Os princípios psicológicos da brincadeira pré-escolar. In: VYGOTSKY, L. S. et al. **Linguagem, desenvolvimento e aprendizagem**. Tradução Maria da Penha Villa Lobos. São Paulo: Ícone. 2001.

LIBÂNEO, J. C. A integração entre o conhecimento disciplinar e o conhecimento pedagógico na formação de professores e a contribuição da teoria do ensino de Vasili Davidov. In: LIBÂNEO, J. C. **Adeus professor, adeus professora**. São Paulo: Cortez, 2014.

MOURA, M. A atividade de ensino como ação formadora. In: CASTRO, A. D.; CARVALHO, A. M. P. (Orgs.). **Ensinar a ensinar**: didática para a escola fundamental e média. São Paulo: Pioneira Thomson Learning, 2002.

MOURA, M. O. de; LANNER de MOURA, A. R. **Escola**: um espaço cultural. Matemática na educação infantil: conhecer, (re)criar - um modo de lidar com as dimensões do mundo. São Paulo: Diadema/SECEL, 1998.

SFORNI, M. **Aprendizagem conceitual e organização do ensino**: contribuições da Teoria da Atividade. Tese (Doutorado em Educação) – Faculdade de Educação, Universidade de São Paulo, São Paulo. 2003.

SILVA, M. M. **Estágio Supervisionado**: o planejamento compartilhado como organizador da atividade docente. Dissertação de Mestrado, Goiânia, Programa de Mestrado em Educação Ciências e Matemática, Universidade Federal de Goiás. 2014.

A RELAÇÃO DUAL ENTRE ORGANIZAÇÃO DO ENSINO DE MATEMÁTICA E A APRENDIZAGEM DA DOCÊNCIA MEDIADA PELOS CONCEITOS MATEMÁTICOS DE POLÍGONOS E POLIEDROS

Charles Custódio da Silva
Dayane Andrade Souza
Dayanne Cristyne Andrade Ferreira Soares
José Clementino da Silva
Larissa Stéfane Borba Gouveia

Primeiras palavras...

A matemática se tornou a disciplina vilã da educação escolar. Teoremas, fórmulas e postulados aprendidos de forma mecânica não são suficientes para a construção do pensamento matemático e desenvolvimento da capacidade de solucionar situações problemas. Desta maneira, se faz necessário repensar sobre a práxis pedagógica, ou seja, se faz necessário por parte do professor outra organização do ensino da matemática. Assim, "A busca da organização do ensino [...] é que constitui a atividade do professor, mais especificamente a atividade de ensino (MOURA et al, 2010, p. 89).

Sabe-se que o ensino nas escolas é pautado no tradicionalismo conteudista no qual os alunos são meros expectadores mostrando o quanto é distante do ideal que seria propiciar ao sujeito o seu desenvolvimento, assim desta maneira segundo Libâneo e Freitas (2013, p. 344), "realizar o ensino desenvolvimental significa utilizar meios de organização do ensino que levem [...] a novo nível de desenvolvimento [...] e não simplesmente a adaptarem-se ao nível de desenvolvimento presente, já formado."

Partindo da ideia de que o professor é o responsável pela organização do ensino e que também tal processo deva ser intencional, promovemos atividades de ensino sustentadas teoricamente e metodologicamente nas atividades orientadoras de ensino. Tais atividades são construídas em um espaço de aprendizagem singular: o Subprojeto PIBID de Matemática da Universidade Estadual de Goiás, Campus Quirinópolis, e o mesmo possui como escola parceira a Escola Municipal professora Zelsani. As atividades que permearão esse capítulo foram desenvolvidas em uma turma de 6° ano do ensino fundamental, cujo objetivo foi o de criar situações que permitissem que os alunos se apropriassem dos conceitos matemáticos de polígonos e poliedros.

Em tais atividades de ensino nos preocupamos em manter a estrutura teórica da atividade segundo Leontiev (1978), ou seja, "indicar uma necessidade [...], um motivo real [...], objetivos, propor ações que considerem as condições objetivas da instituição escolar" (MOURA et al, 2010, p. 96). Do mesmo modo o processo de ensino e aprendizagem torna-se atividade para o aluno e para o professor, pois, queremos aqui ressaltar que a atividade de ensino deve se transformar em atividade de aprendizagem. Tivemos a preocupação para que essa atividade não se fundamentasse somente no aspecto lúdico, mas que fosse além, que permitisse a apropriação teórica do conceito, consentindo que todos os sujeitos envolvidos vissem os conceitos matemáticos como produto conhecimento humano.

O trabalho em sala de aula foi organizado tendo como primeira etapa a síntese histórica do conceito de polígonos e poliedros, explicitando as necessidades humanas ao longo do tempo que levaram à construção dos referidos conceitos. A segunda etapa, a situação desencadeadora de ensino na qual os alunos são estimulados a resolverem uma situação matemática planejada. A última etapa da atividade, a síntese coletiva é o momento em que mediados pelo professor, os alunos chegam a solução "matematicamente correta".

Polígonos e poliedros: a gênese do conceito

A unidade entre o lógico e o histórico proporciona conhecer a natureza do conceito matemático estudado, sua origem e como o homem transformou-o em ferramenta do próprio conhecimento. Desta maneira "Parte-se do pressuposto de que a unidade do histórico e do lógico é premissa para compreender a essência de um objeto, de um conceito em sua estrutura, sua história, seu desenvolvimento" (PANOSSIAN; MOURA, 2015, p.75).

Deste modo, o homem ao apropriar-se do conhecimento e não somente conhecê-lo, deve toma-lo para si, fazer uso dele, ou seja, atribuir sentido ao que foi aprendido. Esses conhecimentos que foram adquiridos com base na necessidade humana construída historicamente, levam o ser humano a modificar seu comportamento social, fruto da relação entre o pensamento e o meio em que está inserido. Kopnin (1978, p. 186) defende que "O lógico reflete não só a história do próprio objeto como também a história do seu conhecimento. Daí a unidade entre o lógico e o histórico ser premissa necessária para a compreensão do processo de movimento do pensamento, da criação da teoria científica".

Desta maneira, ao compreender o movimento lógico-histórico, o homem recria logicamente os percalços, os desafios, as dificuldades enfrentadas na construção do conhecimento, mas somente estando em movimento com a vida isso se torna possível. Segundo Sousa, Panossian e Cedro (2014, p. 8) conhecer o processo histórico permite "compreender a significação dos conceitos [...] pois os mesmos nos dão o norte sobre o modo de apropriação dos seus significados".

Portanto, torna-se importante conhecer como se deu realmente o surgimento do conceito a ser estudado, pois, o mesmo está em sintonia com a maneira que se concebe o ensino. Nesse viés teórico acreditamos ser impossível reconstruir a história, mas é possível refazer o caminho lógico percorrido pelo homem, isto significa, segundo Sousa, Panossian e Cedro (2014, p. 11), que "[...] a história do conceito deve ser vista não como ilustradora do que deve ser ensinado. Ela é o verdadeiro balizador das atividades educativas".

Com o objetivo de reorganizar o ensino e possibilitar aos alunos compreender os processos percorridos pelo homem na criação e apropriação dos conceitos matemáticos de polígonos e poliedros planejamos a primeira etapa desse CAEPI que foi a síntese histórica do conceito. Foram momentos em que mostramos aos alunos como o conceito foi historicamente construído pela humanidade nas elaborações de soluções à medida que as necessidades e os problemas emergiam do meio em que estavam inseridos. Segundo Moura e outros (2010, p. 103), a síntese histórica "deve explicitar a necessidade que levou a humanidade à construção do referido conceito". Durante o desenvolvimento da mesma, procuramos dar respostas à *onde? como? E porquê?* Os referidos conceitos matemáticos, abordados nesse CAEPI, teriam sido criados.

Nesse ínterim, um breve resumo da síntese histórica desenvolvida com os alunos na escola-parceira foi abordado, estabelecendo um diálogo acerca das procedências da geometria. Segundo Boyer (1974, p.4), "as origens da geometria são mais antigas do que a escrita, isto se percebe através de desenhos e figuras simétricas do período neolítico que sugerem uma preocupação com relações espaciais que abriu caminho para a geometria". Há diversas conjecturas a respeito da origem da geometria, "que a relacionam com alguns rituais da antiguidade e também a sentimentos estéticos [...] Aristóteles e Heródoto afirmam ter sido o Egito o local onde a geometria teria surgido" (BOYER, 1974, p. 187).

Desta maneira, o conhecimento matemático é tido como fruto de um longo processo cumulativo construído pela experiência humana em nosso planeta. Os chamados estiradores de corda, pela necessidade de realinhar as demarcações de terras apagadas pela cheia do Nilo, faziam medidas de terra utilizando cordas. Os povos antigos procuravam soluções para problemas muitas das vezes sendo do seu cotidiano e que ao longo do tempo levaram à construção do referido conceito. Sendo assim, para melhor compreensão do conceito de poliedros por parte dos alunos foi utilizado como recurso midiático o projetor multimídia, para que enquanto contávamos a história, os alunos pudessem visualizar alguns dos tópicos discutidos. Buscamos falar de maneira acessível, pois estávamos com turmas do 6º ano do ensino fundamental.

Uma história virtual: a busca por necessidades

Neste momento da atividade buscou-se envolver o aluno na solução de um problema de forma que a busca dessa solução fosse vinculada a uma determinada necessidade, ou seja,

> O objetivo principal desta é proporcionar a necessidade de apropriação do conceito pelo estudante, de modo que suas ações sejam realizadas em busca da solução de um problema que o mobilize para a atividade de aprendizagem – a apropriação dos conhecimentos (MOURA et al, 2010, p. 101).

A situação desencadeadora de aprendizagem deve conter a necessidade que levou a construção de um determinado conceito, devem conter os problemas e necessidades do cotidiano que levou uma determinada civilização utilizar algum conceito ou "ferramenta" para solucioná-los. Além disso, dentro deste movimento lógico e histórico, o professor é responsável pela organização de como se dará este momento.

> Na AOE, as necessidades, os motivos, os objetivos, as ações e as operações do professor e dos estudantes se mobilizam inicialmente por meio da situação desencadeadora de aprendizagem [...]. As ações do professor serão organizadas inicialmente visando colocar em movimento a construção da solução da situação desencadeadora de aprendizagem (MOURA et al, 2010, p. 102-103).

Buscamos criar uma situação desencadeadora que estivesse em concordância com os tópicos abordados na síntese histórica. A mesma pode ser desenvolvida por meio de diferentes recursos metodológicos, como jogos, situações do cotidiano e história virtual, com finalidade de desencadear formação do estudante e do professor. Nesse CAEPI, em especial, utilizamos uma história virtual do conceito, que segundo Moura (1996, p. 20) essas são:

> Situações-problema colocadas por personagens de histórias infantis, lendas ou da própria história da matemática como desencadeadoras do pensamento da criança de forma a envolvê-la na construção da solução do problema que faz parte do conteúdo da história. Dessa forma, contar, realizar cálculos, registrá-los poderá tornar-se para ela uma necessidade real.

A história virtual utilizada tinha por finalidade conduzir os alunos a uma solução coletiva, pressupondo compartilhamento de saberes, pois o estudante é capaz de relacionar-se com tudo e com todos. Ela apresenta elementos da síntese histórica, ou seja, condições vivenciadas historicamente pela humanidade, oferecendo circunstâncias para os estudantes realizarem ações de aprendizagem. No momento da situação desencadeadora de aprendizagem, podemos encontrar e analisar diversos pontos no processo de ensino, pois ela faz com que o estudante, consiga desencadear o processo de aprendizagem e uma solução para uma situação problema. É uma parte essencial para o desenvolvimento do estudante, pois é o momento de explorações, questionamentos, reconstrução de fatos de uma determinada ação, possibilitando relações entre conhecimentos passados com conhecimentos atuais.

Segundo Eves (2008) e Boyer (1974), Platão relacionava os poliedros regulares a elementos da natureza. Partindo dessa perspectiva planejamos a atividade pensando na interdisciplinaridade que o conteúdo e todo o movimento lógico-histórico que nos proporciona.

> [...] uma das responsabilidades do professor é organizar situações didáticas que favoreçam o desenvolvimento, no estudante, de um querer aprender, uma vez que esse não é um valor natural, mas construído historicamente. Construir o motivo de aprender é fundamental uma função educativa que, diga-se de passagem, vem sendo menosprezada por grande parte dos educadores (MOURA et al, 2010, p. 31-32).

Pensar de forma consciente sobre a natureza é dever de todos, com isso através das atividades elaboradas procuramos mostrar aos alunos o quão importante é cuidar da natureza, meio onde ele vive. Assim, produzimos um vídeo que evidenciava catástrofes provocadas pelo descaso do homem com a natureza: rios e ar poluídos, enchentes, queimadas etc. No início da aula produzimos um clima de mistério na sala, com as luzes apagadas e máquina de fumaça. Reproduzimos o vídeo com auxílio de data show e sistema de som. Em consonância com a organização de nossas atividades, Moura e outros (2010) corroboram quando dizem que

> Uma vez que, de acordo com a teoria histórico-cultural, o desenvolvimento do gênero humano somente pode ser entendido como produto da dimensão ontológica do ser e da relação com a atividade principal dos sujeitos, tem-se que, como consequência, não se pode entender o psiquismo humano sem considerar a dimensão temporal e a dimensão social do ser. Ambas as dimensões, a temporal e a socialidade, manifestam-se nas relações interpessoais, ao longo do processo de hominização e do processo de humanização (p. 48).

No decorrer do vídeo notamos a empolgação dos alunos, pois estavam quase estáticos e prestando completa atenção no conteúdo do vídeo, percebendo através da fala posterior de alguns que aquela não seria uma aula tradicional.

Podemos ver como essa situação se objetivou nos discursos das crianças que apresentamos a seguir:

> "Tia, quando chegamos e vimos a sala de aula desse jeito, falei para a Bruna que a aula do PIBID ia ser bem diferente das nossas aulas" (Estudante 1).

> "Nunca imaginei que a gente pode aprender matemática sem ser somente usando o livro e o quadro, que a gente podia ver filme, ouvir história e ouvir música" (Estudante 2).

> "Aula de Matemática do jeito que o PIBID dá nunca tive não, assim vai ser bem mais difícil da gente esquecer no dia da prova né" (Estudante 3).

> "Que pena que nem toda aula é desse jeito, bem que a tia podia falar toda vez de onde é que veio aquelas coisas lá que ela ensina da matemática, quem sabe assim ficava mais fácil da gente aprender" (Estudante 4).

Em consonância com a problemática contida no vídeo (destruição da biosfera), demos sequência a aula e apresentamos uma história virtual contada por um personagem muito especial, Platão. Nesse momento, tínhamos por objetivo emergi-los na problemática central de ajudarem a restaurar o equilíbrio biológico do nosso planeta, ou seja, a história os colocava diante de uma situação-problema que tão somente iriam conseguir resolver se fosse coletivamente.

Terminado o vídeo executamos uma representação teatral, com um cenário de suspense na sala, com fumaça seca, diminuição da luminosidade e fundo musical adequando à situação, em que Platão (representado por um dos bolsistas do PIBID) levava o seguinte recado para os alunos:

"O mundo se encontra numa catástrofe e por negligência do homem com relação aos elementos da natureza a humanidade beira o caos. Por isso, venho vos dizer que a salvação do planeta depende de vocês, restaurem os cinco elementos da natureza, desvendando os segredos e resgatando cada parte dos elementos. Se organizem em grupos, cada um representando os seguintes elementos: universo, terra, água, ar e fogo. Cada grupo escolhe um guerreiro para representá-lo, e será esse guerreiro que será enviado ao céu para encontrar uma constelação que represente os polígonos que formam os poliedros que recebem de mim os nomes de: tetraedro, hexaedro, octaedro, icosaedro e dodecaedro."

Explicamos novamente o que deveria ser feito e os ajudamos a se dividirem em cinco grupos, representando um poliedro e o seu respectivo elemento da natureza. Os grupos ficaram da seguinte forma: tetraedro representando o fogo, hexaedro representando a terra, octaedro representando o ar, icosaedro representando a água e dodecaedro o cosmo. Em seguida, cada grupo escolheu um "guerreiro" que seria responsável a ir para a representação do céu.

> Em outras palavras, em vez de pensar os conceitos e as técnicas separadamente, ou seja, separar a generalização da transformação, um ponto de vista mais interessante é perceber que as técnicas envolvem também os conceitos. Logo a aprendizagem de um envolve a aprendizagem de outro (SOUSA; PANOSSIAN; CEDRO, 2014, p. 36).

Trabalhamos com a perspectiva teórico-metodológica da AOE, intencionalmente com o intuito de associar o teórico com o metodológico, um ligado ao outro, pois na situação desencadeadora de aprendizagem é onde provocamos a ação, estimulação, o despertar da aprendizagem, proporcionando interação maior entre professor-aluno e aluno-aluno.

Para representar o céu utilizamos cartazes na cor azul com dezenas de recortes de estrelas nele colados formando vértices de diversos polígonos que, para eles, seriam as constelações que os guerreiros tinham que encontrar (Figura 30).

Figura 30 – Representação do Céu

Fonte: Acervo dos autores.

O restante dos componentes do grupo seria responsável por responder, de forma correta, os questionamentos sobre o conteúdo de polígonos e poliedros, ambos explicados na aula anterior a essa. Ao responder e acertar as questões o grupo ganhava o direito de "enviar o guerreiro ao céu" com um molde em mãos à procura dos polígonos que formavam as faces do poliedro representativo de seu grupo, a fim de completar a quantia de polígonos e formar o poliedro que seu grupo representava (essa parte da atividade se referia ao fato de que na síntese histórica contamos a eles que historiadores da matemática acreditam que os primeiros formatos de polígonos desenhados pelos homens nas paredes das cavernas eram o resultado das figuras que eles criavam ao unirem ficticiamente às estrelas no céu como se fossem os vértices dos polígonos.

Ao finalizar essa parte da atividade, deveriam montar seus respectivos poliedros com os polígonos encontrados no céu, e colocar seu poliedro sobre a mesa do professor (em uma determinada parte da síntese histórica foi dito aos alunos que de acordo com os autores da história da matemática acredita-se que aos poucos o homem foi reconhecendo nas "faces" de suas construções as figuras por eles chamadas de polígonos). Após todos os grupos terem terminado, os cinco poliedros foram colocados na mesa formando um pentágono e reproduzimos o segundo vídeo, também produzido pelos bolsistas.

Esse vídeo tratava da natureza de uma forma harmoniosa, belos rios, florestas preservadas, animais em seus devidos habitats, o homem convivendo com a natureza de forma pacífica, sem destruí-la. Com esse vídeo foi finalizado o segundo dia de atividade. Assim, a atividade evidenciou não apenas a matemática, mas a humanização e cidadania.

> Ainda que não questionemos o fato de o conhecimento matemático se manter presente em nossas escolas, é necessário constantemente rever que conceitos matemáticos são essenciais, e podem então ser transformados em conteúdos escolares que objetivam o desenvolvimento do indivíduo tendo em vista a humanização (SOUSA; PANOSSIAN; CEDRO, 2014, p. 17).

Todos os princípios matemáticos estudados hoje na escola se aperfeiçoaram e revolucionaram durante os tempos e o conhecimento matemático não está estagnado. Nós, como professores, também não podemos estagnar nossas práticas pedagógicas passadas. Com as experiências vivenciadas no PIBID podemos dizer que somos privilegiados por termos oportunidades de refletir coletivamente nossas ações, tornando-nos assim humanizados, abertos para aceitar opiniões, com troca de saberes, vivências, pois todos estamos em busca do mesmo objetivo, a organização adequada do ensino de matemática de forma que ele possa conduzir o aluno ao próximo estágio de desenvolvimento psíquico.

Uma situação desencadeadora interdisciplinar: vários encaminhamentos

A situação desencadeadora de aprendizagem é proposta tendo como objetivo à construção da solução da situação-problema pelos alunos, que será mediada pelo professor por meio de ações previamente organizadas. Esta solução é realizada de forma coletiva, e segundo Moura e outros (2010, p. 106) isso é possível quando "aos indivíduos são proporcionadas situações que exigem o compartilhamento das ações para a resolução de uma determinada solução que surgem em certo contexto", a qual é denominada síntese coletiva.

Na continuidade do desenvolvimento desse CAEPI começamos com a mobilização reflexiva acerca da situação precária do meio ambiente e sobre as possibilidades de intervenção na preservação e restauração dos recursos naturais. Levando em consideração esta discussão percebemos que a situação desencadeadora desenvolvida por meio de uma situação emergente do cotidiano, propiciou aos Pibidianos realizarem uma atividade de ensino interdisciplinar que é um elemento de grande relevância neste processo de mudança crítico-reflexivo e que busque mudar os paradigmas educacionais formando cidadãos conscientes. Acerca dessa problemática Cury (2000) assevera que

> Estamos formando homens cultos, mas não homens que pensam. Estamos formandos homens que dão respostas ao mercado, mas não homens maduros, completos, que sabem interiorizar, pensar antes de agir, expor e não impor as suas ideias, trabalhar em equipe, que amam a solidariedade, que sabem se colocar no lugar do outro (p. 66).

Ao desenvolvermos uma situação desencadeadora da aprendizagem de matemática e termos conseguido com que os alunos tivessem compreendido que o meio ambiente necessita, urgentemente, da responsabilidade de cada um deles em protegê-lo, vimo-nos diante da percepção de que atividades de ensino de matemática podem e devem ter uma face interdisciplinar com outras disciplinas. Nesse sentido, Davidov (1982) argumenta, que "a atividade educacional não é dirigida principalmente à aquisição de conhecimento, mas à mudança e ao enriquecimento do indivíduo" como um todo, como sujeito que faz parte de espécie.

No momento seguinte, dissemos a eles que Platão, em seus estudos, relacionou cada poliedro a elementos da natureza: Tetraedro: fogo; Cubo (hexaedro): terra; Octaedro: ar; Icosaedro: água e Dodecaedro: cosmos. Relembramos todos os conceitos anteriormente discutidos acerca dos polígonos e poliedros e propomos, como parte final da síntese coletiva, que os alunos representassem em uma tela de pintura um dos poliedros platônicos com suas características geométricas e o que cada um deles representava para o equilíbrio do sistema ecológico terrestre. Abaixo (Figura 31) temos algumas das telas[13] pintadas por eles (eles podiam escolher qual dos cinco poliedros queriam representar, se do grupo ao qual faziam parte ou de outro grupo).

Figura 31 – Telas pintadas na Síntese Coletiva pelos alunos da educação básica

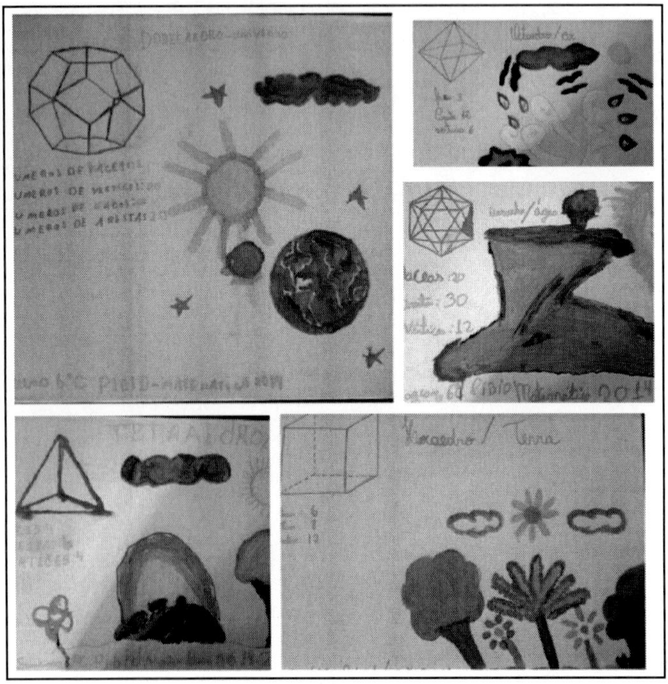

Fonte: Acervo dos autores.

---

13 Todo o material gasto nos CAEPI e ofertado aos Pibidianos e alunos da escola-parceira pela Coordenadora de Área, e a mesma faz a compra dos referidos materiais com os recursos financeiros repassados anualmente pela CAPES.

Nesse momento, configura-se a transdisciplinaridade entrelaçada à aprendizagem de conceitos matemáticos, pois temos o conhecimento matemático, a situação e importância do meio ambiente e, a expressão artística aqui demonstrada pela pintura das telas. A transdisciplinaridade pode ser interpretada como uma postura diante da vida. É a atitude de abertura ao diálogo e ao compartilhamento de ideias, pensamentos, opiniões, emoções e sentimentos, "e tem como fundamento a complexidade, a lógica primária e a multidimensionalidade do mundo" (ANTÔNIO, 2002).

Essa parte final da atividade (quando eles tiveram que pintar as telas com os poliedros e colocar o máximo de informações que lembrassem acerca do mesmo na tela) teve uma importante dimensão para o processo de síntese e avaliação nossa em relação ao processo de aprendizagem deles sobre os conceitos de polígonos e poliedros, pois tivemos a oportunidade de verificar se a atividade correspondeu à finalidade desejada ou não. Pudemos ter condições de avaliar se os alunos chegaram ao conhecimento esperado, se conseguiram assimilar a função da atividade proposta, ou seja, as conclusões alcançadas pelos alunos mostram se a atividade propiciou o objetivo inicialmente planejado. Daí está à necessidade de um professor organizar intencionalmente seu ensino, afinal

> O professor deverá tomar consciência de que a ação promove mudanças, perceber que as suas ações também promovem alterações e que a complementariedade, a cooperação e a coordenação das ações propiciarão o desenvolvimento da comunidade de aprendizagem (MORETTI; MOURA, 2011, p. 96).

Os momentos de debate e reflexão entre nós e entre os alunos foram fundamentais para permitir o compartilhamento de dúvidas de ensino e aprendizagem desses importantes conceitos matemáticos, tão comumente negligenciados pelo dia a dia da educação básica. Foram momentos ricos, pois, como sabemos cada aluno tem um aprendizado diferente do outro, no entanto, este compartilhamento de saberes e dúvidas possibilita a organização do pensamento e a apropriação do mesmo. Afinal, somos indivíduos que aprendemos com o outro.

Palavras finais...

Para compreender o processo da formação docente e os caminhos que constituem a prática docente é necessário nos atinar à formação teórico-prática no que concerne à constituição da mesma. Vale salientar que não devemos considerar que a atividade teórica é menos importante que a atividade prática, ambas são mutuamente dependentes uma da outra. Assim

> O fim imediato da atividade teórica é elaborar ou transformar idealmente – e não realmente – essa matéria-prima, para obter, como produtos, teorias que expliquem uma realidade presente, ou modelos que prefigurem idealmente uma realidade futura. A atividade teórica proporciona um conhecimento indispensável para transformar a realidade, ou traça fins que antecipam idealmente sua transformação [...] (SANCHEZ VAZQUEZ, 2007, p. 233).

Entender a práxis docente como atividade é estabelecer a união entre teoria e pratica como elemento norteador para a organização do ensino. Contudo, em muitos casos a compreensão dessa prática como componente curricular não se aponta como elemento constituinte da práxis, mas sim, em um "praticismo" ou "ativismo" no qual a efetivação da prática se dá sem a teoria. Na fuga desse praticismo nos vimos imersos em situações que nos permitiam a organização do ensino no que tange a formação do pensamento teórico sobre a atividade docente por meio das ações realizadas na elaboração e execução das atividades de ensino. Nesse universo formativo um ponto marcante no processo de aprendizagem da docência em matemática foi o rompimento com as aulas tradicionais, pois sabe-se que um dos motivos para o fracasso no processo de ensino aprendizagem em matemática é a inadequação entre ensino e conteúdo, a metodologia do professor e o meio ao qual o aluno está inserido. Assim, segundo (SILVA, 2014, p. 134), a atividade fez com que os bolsistas em processo de aprendizagem da docência, isto é, "fossem conduzidos a refletirem sobre seus modos de ação e levados a um movimento de mudança de sentido pessoal que os libertaria de modelos formativos individualistas pautados nas percepções imediatas dos fenômenos educacionais"

Assim, o professor que assume essa postura faz com que os alunos entendam que o processo de aprendizagem não é mera memorização, além de que, aulas presas em modelos tradicionais de ensino tornam os estudantes excessivamente dependentes do professor e do livro didático deixando claro mais uma vez que, o conhecimento matemático é desvinculado da realidade material em que o indivíduo se encontra inserido.

Outro elemento que constitui a práxis docente e que foi imprescindível na criação da atividade foi o planejamento e a organização das ações pelos envolvidos. O ato de planejar norteia nossas ações e decisões, assim, conforme Libâneo (1994, p. 222) planejar é "um processo de racionalização, organização e coordenação da ação docente, articulando a atividade escolar e a problemática do contexto social".

Desta maneira, o planejamento torna-se fundamental para que haja organização das aulas e dos objetivos propostos no processo de ensino. Segundo Silva (2014), não se deve pensar que planejar é somente preencher fichas afim de satisfazer uma burocracia sem objetivos, mas sim, promover uma mediação intencional e planejada que, de acordo com Libâneo (1994, p. 222), "é a atividade consciente da previsão das ações político – pedagógicas".

É importante salientar que é imprescindível a preocupação com o processo de aprendizagem da docência. Assim, o rompimento com as aulas tradicionais e o planejamento tornaram-se elementos norteadores para a constituição da atividade docente perpassando um processo de transformação de suas concepções a respeito do ensino, com base em uma organização do trabalho pedagógico.

Diante da proposta teórico-metodológica escolhida, percebemos que quando os alunos compreendem o movimento pelo qual os conceitos foram se desenvolvendo, estes são motivados a investigar a realidade que estão inseridos, aproximando-se da necessidade que seus antepassados vivenciaram.

> A compreensão do movimento lógico e histórico dos conceitos [...] permite que o professor trabalhe não só com o produto deste desenvolvimento conceitual, mas sim com seu processo. Tendo isso claro no movimento da parte da humanidade, terá condições de aprimorar sua atividade de ensino e reconhecer de que maneira gerar nos estudantes a necessidade em aprender os conceitos (SOUSA; PANOSSIAN; CEDRO, 2014, p. 131).

A unicidade entre o lógico e o histórico no ensino de matemática e, consequentemente de seus conceitos, sejam eles de poliedros ou outros, depende da compreensão do desenvolvimento histórico deste objeto do conhecimento. Ignorar momentos em que os polígonos e poliedros foram usados como instrumentos para resolver situações problemas especificadamente humanas (como as construções), é ignorar o movimento do processo de conhecimento e encerrá-lo em si. Entretanto, não podemos negar de que há um longo caminho a percorrer em relação à compreensão do movimento lógico e histórico dos conceitos e sua consequente utilização como objeto de ensino da matemática da educação básica.

Devemos levar em consideração e de forma significativa a aprendizagem da docência pelos envolvidos no processo, pois foi no planejamento e nas ações que executamos que percebemos que ensinar não é somente transmitir conteúdos de forma alienada. Com isso, concordamos com a afirmação de que seja necessária uma reorganização do trabalho docente para que o processo de ensino aprendizagem se constitua como atividade (MOURA et al, 2010).

Portanto, devemos acreditar que uma perspectiva histórica para o ensino de matemática pode nos trazer boas lições. Entretanto, para tanto, o olhar sobre a história deve ser conduzido por uma lógica que tenderá a reconhecer a relação entre os conceitos. Este processo de apropriação do movimento lógico e histórico dos conceitos deve necessariamente passar pela formação dos professores, possibilitando estabelecer os nexos entre os conceitos, no caso os geométricos, para que estes não sejam usados isoladamente, de forma técnica e empírica em sala de aula, como denunciam os trechos dos discursos dos alunos da sala em que a proposta foi desenvolvida.

REFERÊNCIAS

ANTÔNIO, S. **Educação e Transdisciplinaridade**: Crise e reencantamento da aprendizagem. Rio de Janeiro: Editora Lucerna, 2002.

BOYER, C. B. **História da Matemática**. São Paulo: Edgard Blücher, 1974.

CURY, H. N. Criação de ambientes de aprendizagem para o cálculo diferencial e integral. In: **CONGRESSO SUL-BRASILEIRO DE INFORMÁTICA NA EDUCAÇÃO-ÁREA DE EXATAS**, 2000.

DAVIDOV, V. V. **Tipos de generalización en la enseñanza**. Habana: Editorial Pueblo y Educación, 1982.

EVES, H. W. **Introdução à história da matemática**. São Paulo: Ed. da UNICAMP, 2008.

KOPNIN, P. V. **A dialética como lógica e teoria do conhecimento**. Rio de Janeiro: Civilização Brasileira, 1978.

LEONTIEV, A. N. **O desenvolvimento do Psiquismo**. Lisboa: Horizonte Universitário, 1978.

LIBÂNEO, J. C. **Didática**. São Paulo: Cortez, 1994.

LIBÂNEO, J. C.; FREITAS, R. A. M. M. Vasiliv Vasilyevich Davydov: a escola e a formação do pensamento teórico-cientifico. In: LONGAREZZI, A.; PUENTES, R. **Ensino Desenvolvimental**: vida, pensamento e obra dos principais representantes russos. Uberlândia: EDUFU, 2013.

MORETTI, V. D.; MOURA, M. O. Professores de Matemática em atividade de ensino. Uma perspectiva histórico-cultural para a formação docente. **Revista**: Ciência e Educação, v. 17, n. 2, 2011.

MOURA, M. O. et al. A atividade Orientadora de Ensino como Unidade entre Ensino e Aprendizagem. In. MOURA, M. O. (Org.). **A atividade pedagógica na teoria Histórico-Cultural**. Brasília: Líber livro, 2010.

_____. (Coord.). **Controle da variação de quantidades**: atividades de ensino. São Paulo, Universidade de São Paulo, 1996.

PANOSSIAN, M. L.; MOURA, M. O. O movimento histórico e lógico dos conceitos e a constituição do objeto de ensino da álgebra. **Anais....** XIV Conferência Interamericana de Educação matemática. 2015, Tuxtla-Gutierrez. XIV Conferência Interamericana de Educação matemática. 2015.

SILVA, M. M. **Estágio Supervisionado**: o planejamento compartilhado como organizador da atividade docente. Dissertação – Mestrado em Educação Ciências e Matemática da Universidade Estadual de Goiás. Goiânia, 2014.

SOUSA, M. C.; PANOSSIAN, M. L.; CEDRO, W. L. **Do movimento lógico e histórico à organização do ensino**: o percurso dos conceitos algébricos. Campinas, SP: Mercado de Letras, 2014.

SÁNCHEZ VÁZQUEZ, A. **Filosofia da Práxis**. Tradução de Maria Encarnación Moya Buenos Aires: Consejo Latinoamericano de Ciências Sociales-CLACSO, 2007.

DA CONTAGEM AO CONCEITO DE NÚMERO E SISTEMA DE NUMERAÇÃO

Aline Costa Alves Cândido
Ana Luiza Amaral Garcia
Cezar Augusto Ferreira
Eduardo de Souza Silva
Isa Micaella Vieira Marques
Maria Marta da Silva
Paloma Aparecida Souza do Nascimento

Considerações iniciais

Pensando nas primordialidades conexas à prática docente em que o papel do professor como mediador do ensino é composto por complexidades que se elevam em meio ao planejamento e compartilhamento de suas ações e ressaltando a importância de uma prática pedagógica de qualidade, o presente capítulo nos direciona a um pensamento alicerçado em propostas teórico-metodológicas que tem como objetivo propor melhorias no processo de ensino e aprendizagem dos conceitos de número e sistema de numeração. Para isso, levaremos em consideração a forma com a qual o educador deve propor seu ensino intencional pautado nas dimensões necessárias para suprir as necessidades que se elevam na formação dos sujeitos e de seu ensino, como seres humanizados.

Tais propostas são resultado de ações desenvolvidas pelo Subprojeto PIBID de Matemática da Universidade Estadual de Goiás, Campus Quirinópolis. As respectivas atividades que aqui serão abordadas foram desenvolvidas em três sextos anos do ensino fundamental da escola-parceira do referido subprojeto (Escola Municipal Professora Zelsani). A quantidade de alunos envolvidos perfaz um montante aproximado de 75 crianças, entre a faixa etária de 12 a 14 anos.

Essas propostas se encontram estruturadas nos pressupostos da Teoria Histórico-Cultural e possuem como objetivo principal a disseminação do conhecimento humano como produto puramente da atividade humana em meio a realidade circundante em que cada ser se apropria da cultura produzida por seus precedentes humanizando-se e assim tornando-se capaz de contribuir para o movimento infinito de renovação do conhecimento.

Nesse viés teórico optamos por criar um CAEPI apoiado nas perspectivas defendidas pela AOE, na qual abordamos o movimento lógico-histórico da criação dos conceitos de números e sistema de numeração e com base nele constituímos uma situação desencadeadora de aprendizagem que se objetivou numa história virtual.

No intuito de que se possa compreender todo nosso movimento para o planejamento e desenvolvimento desse CAEPI escolhemos a seguinte estrutura para esse capitulo: primeiramente abordaremos o real papel do professor em planejar, organizar e compartilhar ações com o principal objetivo de mediar o processo de ensino e construir suas objetivações de aprendizagem. Nessa abordagem, nós ressaltamos a importância do planejamento como ferramenta mediadora dentro da principal atividade do professor que é o ensino. No decorrer do capítulo apresentamos a estruturação da atividade por nós elaborada, na qual destacamos o movimento de criação e desenvolvimento dos conceitos matemáticos.

Tal correlação se faz necessária para que se dê a compreensão da significação conceitual dos mesmos. Nas etapas da estruturação desse trabalho também apresentamos como essa proposta teórico-metodológica foi organizada e a maneira com a qual foi efetivada em sala de aula na escola parceira, com todas as situações que provieram da mesma, analisando o grau de dificuldade e também de apropriação apresentados pelos alunos sujeitos da referida proposta.

Também daremos destaque aos percalços de apropriação por parte de nós bolsistas no desenvolvimento dessas ações como mediadores do ensino intencional, planejado e organizado, ressaltando a importância dos processos de organização de ações compartilhadas para a formulação de um ensino de qualidade e provido de todos os aspectos necessários para a compreensão das gêneses dos conceitos de números e sistema de numeração, assim como a sua estruturação e o movimento de mutabilidade na evolução presente da própria ciência matemática.

O professor como organizador do ensino

Atribui-se ao professor o papel principal na organização das ações de aprendizagem dos alunos, ou seja, é dele a função precípua de organizar o ensino de forma que os processos de ensino e aprendizagem sejam indissociáveis, apesar de serem processos dialéticos e que se objetivam em sujeitos dispares.

Em nosso caso especifico, no qual nos interessamos pelo papel do professor que ensina matemática no movimento de apropriação das significações conceituais dos objetos dessa ciência, acreditamos ser necessário que o mesmo entenda o movimento de criação, internalização e disseminação desses objetos.

Compreender os movimentos de apropriação do conhecimento matemático compõe uma série de desafios que são abordados na teoria por nós utilizada, na qual a mesma defende a interação do homem com a realidade circundante como a linha invisível que liga os processos de formação do pensamento que vão de sua forma interpsíquica à intrapsíquica, ou seja, a sua capacidade de apropriação dos conhecimentos por meio do convívio social.

Partindo desse pressuposto defendemos a ideia de que o processo de apropriação do conhecimento matemático deve perpassar as ideologias efetivas na atualidade, em que a abordagem dos conceitos matemático nas escolas não presa seu verdadeiro significado e muito menos a concepção de que os mesmos estão em constante mudança e não estão prontos e acabados. O que conduz ao pensamento de que a forma com a qual a disseminação desse conhecimento vem sendo vista indispõe a condição de compreensão de sua gênese, ou seja, a organização atual do ensino escolar está estruturada nas perspectivas empiristas o que impossibilita a capacidade de assimilação das necessidades que mediaram a criação dos conceitos matemáticos. Dessa forma torna-se necessário que o ensino seja organizado de maneira intencional, uma vez que somente no viés da intencionalidade é que os sujeitos se constituam como humanizados e tornam-se aptos para disseminar esses conhecimentos.

> Para que uma atividade se configure como humana, é essencial, então, que seja movida por uma intencionalidade, sendo esta, por sua vez, uma resposta à satisfação das necessidades que se impõe ao homem em sua relação com o meio em que vive natural ou culturalizado (RIGON; ASBAHR; MORETTI, 2010, p. 17).

O conceito de intencionalidade por nós aqui abordado deve ser entendido como um mediador do processo de formação das funções psíquicas superiores, uma vez que o entendemos como a ação que possibilita o movimento da formação do pensamento teórico. Ao observarmos o papel intencional do professor no que se diz respeito à organização do ensino, somos conduzidos a questionamentos referentes à forma com a qual o professor organiza o movimento do planejamento e compartilhamento de suas ações, quais são as etapas que o sustentam, tendo em vista que essas características o constituem como sujeito capaz de colocar em prática seus pensamentos e convicções.

A história da educação permite observar que esse movimento sofre mudanças desde o início da disseminação do conhecimento, pois em cada momento histórico e social, faz-se com que a importância atribuída ao profissional responsável por mediar o ensino– o professor - também se modifique. Nessa vertente é possível observar esses fatos e analisar o quão importante é seu papel em cada etapa da evolução desse processo, perpassando por cada necessidade e realidade permitindo que sejam observadas as mais variadas formas e intencionalidades correlacionadas aos seus atos ao longo do tempo.

Logo, ao refletirmos sobre o real significado de ser ele o sujeito voltado a permitir que os outros de sua espécie se apropriem de todo o resultado cultural realizado, devemos valorar as ações necessárias para que tal atividade se assuma. Nesse viés destacamos o planejamento como ação primordial dentro de sua atividade principal que é o ensino. Portanto, acreditamos que esse profissional deve fundamentar suas atitudes em uma dimensão necessária para uma melhor compreensão por parte de seus educandos, objetivando sempre a formação de seus alunos como humanos, produtos da apropriação da realidade circundante e de tudo o que fora produzido por seus semelhantes. Em outras palavras, "[...] cabe ao professor organizar o ensino, tendo em vista que os conhecimentos elaborados historicamente pela humanidade possam ser apropriados pelos indivíduos" (SILVA; CEDRO, 2015a, p. 45).

Ao pensarmos na ação do professor como mediador entre a apropriação dos objetos matemáticos por parte de seus alunos e os próprios objetos oriundos da atividade, do trabalho humano, compreendemos que para que o mesmo se constitua de fato nesse ser mediador da aprendizagem primeiramente, deve estar ciente das mudanças que ocorrem a todo o momento na formação e significação da própria ciência matemática. Para que isso seja viável Moura (2001) defende que o professor tem que manter-se em constante processo de investigação do que ensina e necessita também praticar tudo o que investiga e teoriza.

O professor deve de fato realizar o seu trabalho de maneira intencional e assim idealizar suas ações, organizar e compartilhar o conhecimento adquirido, tendo a educação como atividade primordial no processo de humanização do homem e o planejamento como principal ferramenta para a educação. Em consonância a essa realidade Libâneo diz que "O trabalho do professor é, portanto, um trabalho [...] onde são necessárias estratégias, procedimentos, modos de fazer, além de um sólido conhecimento teórico, que ajudam a melhor realiza-lo" [...] (2004, p. 26). Dessa forma ao observarmos o movimento de viabilização de um ensino de qualidade e estruturado nos pressupostos necessários para atender a todas as necessidades postas em nossa contemporaneidade não podemos deixar de valorar o "[...] planejamento como elemento imprescindível para se organizar o ensino [...]. (SILVA; CEDRO, 2015a, p. 44). O planejamento é visto aqui como premissa de uma organização que atuará como alicerce em toda a atividade pedagógica no qual o objeto matemático abordado, seu processo de constituição, a disseminação do mesmo e o compartilhamento das ações devam ser elementos indissociáveis e nesse viés proporcionar aos sujeitos um trabalho de qualidade. Nessa concepção, de valorização do planejamento como elementos imprescindível da atividade pedagógica, vejamos como estruturamos nosso CAEPI, começando por entendermos porque primeiramente nós, os bolsistas fizemos um estudo da história do conceito, que serviria de base para a construção da SDA.

Da história do conceito à SDA

Desde os primórdios da existência humana os fenômenos da construção do conhecimento se constituem por intermédio da apropriação da cultura produzida pelo próprio homem, esse movimento está interligado ao processo de formação de seu pensamento. O desafio imposto pelas complexidades elevadas na própria natureza contribuiu para que "[...] o homem, por meio de modificações, submete-a [a natureza] a seus fins, a domina [...]" o que dá início a um grande movimento de produção lógico-histórico-cultural, no qual o homem também se modifica (ENGELS, 2002, p. 125) e modifica ao longo do movimento lógico--histórico ao qual existe e coexiste no planeta os objetos matemáticos que cria e desenvolve. Nesse viés entendemos por histórico as particularidades das etapas de evolução do objeto matemático, desde o seu surgimento, passando pelas necessidades objetivadas que constituem a sua evolução, e entendemos por lógico os processos de formação teórico-conceituais dos reflexos históricos culturalmente constituídos (MOURA, 2010).

Os conceitos matemáticos, assim como a própria ciência matemática são, portanto, criações do homem e como tal, derivam de inúmeros fatores advindos das necessidades, e as estruturações desses conhecimentos provêm da atividade do homem na elaboração de sua própria cultura. Partindo desse pressuposto acreditamos que a história da matemática como objeto cultural da humanidade, como produto do movimento de constituição do pensamento humano e mediada pelas primordialidades impostas no decorrer de sua evolução é parte essencial no processo de ensino e aprendizagem dos conceitos matemáticos e parte crucial na constituição dos mesmos.

Isso fica visível quando nos deparamos com o ensino de conceitos matemáticos preestabelecidos, impregnados da forma técnica, vistos como imutáveis (cristalizados), tais como fórmulas, teoremas, axiomas e postulados e dessa forma acabamos por repetir suas formas de efetivação, na maioria das vezes sem nos perguntar o que levou o homem a desenvolver tal conhecimento e não logramos êxito em enxergar tais objetos como resultados do grande movimento cultural de apropriação, internalização e disseminação da cultura humana. Na busca pela mudança dessa realidade e em consonância com os pressupostos da Teoria Histórico-Cultural acreditamos que o ensino e a aprendizagem de matemática proporcionam ao educando uma visão ampla dos significados reais dos objetos matemáticos e a significação de sua contribuição e importância para a humanidade.

A atividade proposta nesse capítulo tem a história da matemática como mediadora da significação dos conceitos matemáticos. Essa tarefa estabelece um movimento de apropriação conceitual necessário para a compreensão da gênese conceitual, ou seja, da essência dos objetos matemáticos. Dessa forma, entendemos a síntese histórica do conceito de números e sistema de numeração como o centro formador do movimento, da compreensão da verdadeira essência que os alicerçam, sem a qual não seria possível o desenvolvimento da referida atividade.

Os parâmetros atuais postos para o ensino de matemática, vem deixando a desejar, uma vez que é "no processo de educação escolar que se dá a apropriação de conhecimentos, aliada à questão da intencionalidade social, o que justifica a importância da organização do ensino"(RIGON; ASBAHR; MORETTI, 2010, p. 49), sendo assim acreditamos que a história do surgimento dos conceitos matemáticos não tem o devido espaço nos currículos escolares o que não permite que o educando se aproprie dos conhecimentos necessários para um bom desenvolvimento na disciplina de Matemática. Em consonância a essa realidade Moretti, Asbahr e Rigon (2011) defendem que:

> Os reflexos dessa realidade na educação são facilmente reconhecidos por meio da apropriação do discurso que põe o foco do trabalho educativo no desenvolvimento de comportamentos e competências gerais tendendo a superficializar o conhecimento trabalhado na escola (p. 480).

No que se diz respeito ao processo de ensino dos conhecimentos matemáticos podemos afirmar que "inúmeras são as dificuldades apresentadas por estudantes de todos os níveis de ensino durante o processo de aprendizagem dos conceitos matemáticos, inclusive aqueles considerados básicos como, por exemplo, o sistema de numeração" (MORETTI, 2015 p. 20), isso provavelmente provém da imposição da matemática como uma ciência de extrema complexidade por parte dos indivíduos formadores da cultura precedente a contextualização atual, de forma a designar o ensino-aprendizagem dos conceitos matemáticos em atividade como produtos de mentes transcendentes e não como produto de pessoas comuns por intermédio de necessidades comuns.

Com base nestas ideias utilizamos a síntese histórica dos conceitos de números e sistema de numeração para recriar parte do processo real (apenas suas características essenciais) de formação dos mesmos, com o intuito de conduzir de forma simplificada, mas não menos efetiva os meios de apropriação necessários para um bom desenvolvimento conceitual em relação à ciência matemática.

Para que isso seja possível é necessário criar condições para que os indivíduos se apropriem do movimento de construção dos conceitos, e compreendam a situação desencadeadora de aprendizagem como uma das formas mediadoras desse processo. Nessa perspectiva esse capitulo tem como objetivo demonstrar como uma situação desencadeadora de aprendizagem elaborada e desenvolvida para trabalhar os conceitos de número e sistema de numeração pode possibilitar a apropriação desses conceitos pelos sujeitos envolvidos.

> [...] a compreensão da gênese de um sistema de numeração, isto é, qual é a essência desse sistema, as características que o compõe, já que os signos numéricos não podem ser tomados soltos; é preciso que estabeleça uma relação com os demais conceitos. Nessa organização o objetivo é que o indivíduo compreenda os conceitos essenciais de um sistema de numeração (ROSA; MORAES; CEDRO, 2010 p. 152).

De acordo com Moura e Lanner de Moura (1998) as situações desencadeadoras de ensino podem ser representadas por díspares meios, tais como os jogos, as situações emergentes do cotidiano e a história virtual dos conceitos, portanto na estruturação do CAEPI aqui em questão, a síntese histórica dos conceitos de Números e Sistema de Numeração, foi o contexto que deu origem a história virtual. Daí a importância do entendimento da gênese dos conceitos no planejamento de uma SDA. No que se diz respeito a compreensão do surgimento dos conceitos Rosental (1986, p. 349) afirma que é "[...] o caminho histórico do desenvolvimento do conhecimento, ou seja, desde a percepção sensível e representação da abstração que é o instrumento para conhecer a essência das coisas" parte essencial da organização do ensino de matemática. Nesse pensamento faz-se visível o entendimento da síntese histórica dos conceitos constituída como produto da cultura da humanidade para a objetivação da história virtual. Quando nos referimos a história virtual estamos compreendendo-a como:

> [...] situações problema colocadas por personagens, lendas ou da própria história da matemática como desencadeadoras do pensamento da criança de forma a envolvê-la na produção da solução do problema que faz parte do contexto da história. Dessa forma, contar, realizar cálculos, registrá-los poderá tornar-se para ela uma necessidade real (MOURA, 1996, p. 20).

Seria para nós a história virtual um conjunto de ações que atendem a criação parcial da aquisição real da gênese dos conceitos, fazendo uso das prováveis contextualizações que deslancharam as inquietações e delas o desenvolvimento dos objetos de contagem e organização dessa contagem. Essa história virtual (O Desafio de Tigal), teve como finalidade colocar os sujeitos defronte a uma situação-problema, com o intuito de conduzi-los de forma intencional a solucionar o problema e chegar ao referido conceito matematicamente correto.

Para desenvolvermos a atividade utilizamos os seguintes materiais concretos: seis placas de isopor que cobrimos com papel camurça verde representando o território de Tigal e um total 160 animais de material manipulável, 150 para representar o rebanho, cinco predadores, três cachorros e dois homens. Fazendo o uso desses materiais desenvolvemos a seguinte atividade embasada no planejamento compartilhado das ações por nós elaboradas:

1º DIA

Os alunos ficaram bastante eufóricos quando propomos a eles uma atividade que seria realizada de uma forma diferente a que eles estão acostumados, quadro, lápis, borracha e caderno. Após uma apresentação rápida do grupo, dividimos a sala em 5 grupos; colocamos a maquete no centro da sala e apresentamos a História Virtual: "**O Desafio de Tigal**": Tigal era um pastor que possuía um vasto rebanho, em determinada época do ano haviam muitos predadores na região, em razão disso Tigal tinha muito medo de perder seus animais pois não sabia como controlar as perdas que tinha no rebanho. No início representamos o rebanho de Tigal com 120 animais e depois com a ação de predadores o rebanho sofreu uma grande perda e passou a contar apenas com 80 cabeças de gado.

A atividade como já dissemos foi introduzida com uma história virtual intitulada: "O Desafio de Tigal". Essa história virtual, que foi contada aos alunos, possuía um problema desencadeador (MOURA, 1996) a ser resolvido: a quantificação de animais sem que fosse utilizado o sistema numérico decimal.

Ainda no primeiro dia de atividades propomos que os alunos de cada grupo contassem a quantidade de animais que haviam na maquete. No decorrer da contagem os alunos demonstraram dificuldades para se organizarem, utilizando de contagem aleatória, o que fez com que eles tivessem a necessidade de contar mais de uma vez e de que os Pibidianos os ajudassem (Figuras 32 e 33).

Figuras 32 e 33 – Ações do primeiro dia de desenvolvimento desse CAEPI – os alunos com a ajuda dos Pibidianos realizando a primeira contagem do rebanho de Tigal

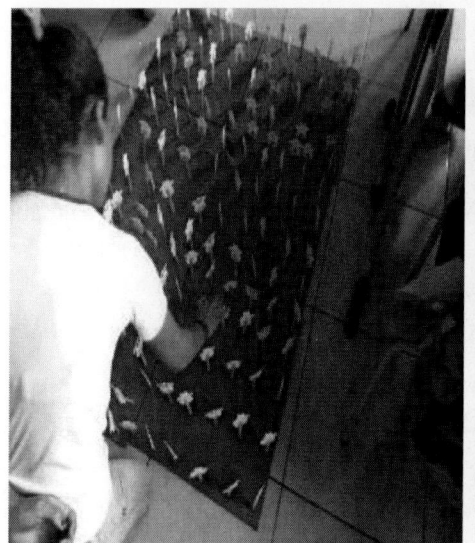

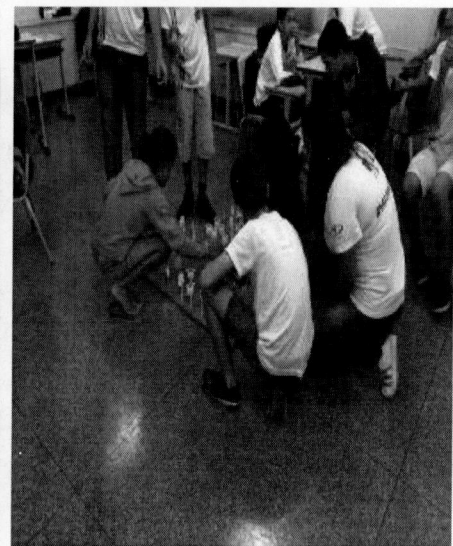

Fonte: Acervo dos autores.

Após a contagem pedimos para representarem simbolicamente os números encontrados, sem utilizar o sistema de numeração decimal. Todos os alunos utilizaram associação um a um para representar os animais utilizando símbolos como: pauzinhos, x, bolinhas e estrelinhas (Figura 34). Associando cada um dos símbolos com cada um dos animais. Ou seja, a maioria usou a correspondência um a um, ou a chamada relação biunívoca que conforme Lopes, Roos e Bathelt (2014, p. 11) é "a relação que se estabelece na comparação unidade a unidade entre os elementos de duas coleções. Nessa comparação, é possível determinar se duas coleções têm a mesma quantidade de objetos ou não e, então, qual tem mais ou qual tem menos".

**Figura 34 – Alunos fazendo uso da relação biunívoca
para representar o rebanho de Tigal**

Fonte: Acervo dos autores

Após essa parte da história foi proposto aos alunos que recontassem a quantidade de animais e também se pediu para representarem o valor encontrado de uma forma mais simplificada, isto é, que revivessem a necessidade de contar por agrupamento. Dessa forma, todo o tempo colocávamos diante de um problema: Como vocês podem fazer para ajudar Tigal a controlar seu rebanho?

Naquele momento viviam parte da história humana quando o homem também teve a necessidade de contar grandes quantidades, e esse fato conduziu o ser humano a superar a correspondência um a um e "organizar montes ou grupos de quantidades, ou seja, a contagem por agrupamento. Esse tipo de contagem é o princípio básico que deu origem aos mais diversos sistemas de numeração. A contagem por agrupamento representou um grande avanço" (LOPES; ROOS; BATHELT, 2014, p.15), pois permitiu ao ser humano superar a correspondência um a um, tornando a ação de contagem de grandes quantidades mais rápida e eficiente. Ao invés de controlar a quantidade de um grupo com muitas unidades, ele passou a ter o controle da quantidade de alguns grupos com poucas unidades. "Agrupar é uma estratégia de contagem que organiza o que é contado, ajudando a não esquecer de contar nenhum objeto e evitando que um mesmo objeto seja contado mais de uma vez" (LOPES; ROOS; BATHELT, 2014, p.15).

Após fazerem os dois tipos de contagem, biunívoca e por agrupamento, pedimos para que fossem a frente na sala e explicassem a forma que organizaram a quantidade inicial e depois da perda do rebanho pelo ataque dos predadores (Figuras 35 e 36).

Figura 35 e 36 – Alunos à frente da sala explicando como tinham feito suas representações das quantidades do rebanho de Tigal

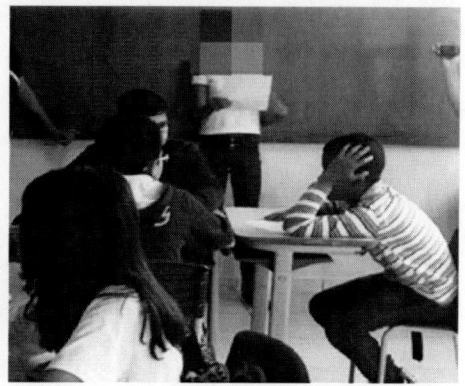

Os alunos se mostraram muito empolgados com a atividade e mesmo com algumas dificuldades eles conseguiram se apropriar da ideia de agrupamento, criando símbolos com valores maiores e ao explicar de que forma eles haviam feito ficou claro que eles entenderam o que havia sido proposto, apesar de diferentes símbolos e valores atribuídos a lógica de agrupamento estava presente em todos os grupos.

2º DIA

O segundo dia começou com a recapitulação do dia anterior na tentativa de manter a necessária relação entre todas as ações do CAEPI. Logo após foi introduzida mais uma parte da história onde Chacal apresenta a Tigal um sistema de numeração: Tigal tinha um amigo, Chacal. Diante das perdas estava se lamentando para seu amigo. Chacal chateado por seu amigo perder tantos animais de seu rebanho resolveu ajudar doando três de seus melhores cachorros de guarda: Valente, Coragem e Destemido. Afinal somente um cachorro não conseguiria pastorear essa quantidade de animais. Após essa parte da história lhe dissemos que provavelmente o rebanho se estabilizaria. Pedimos que fossem ao centro da sala e recontassem o rebanho para descobrirem de que o mesmo já não mais estava diminuindo. Entretanto, Tigal continuava com uma dificuldade: não sabia representar as quantidades do seu rebanho. Chacal tentando assim solucionar o problema de Tigal, além de doar três de seus melhores cachorros, apresentou um modo de representar seu rebanho para facilitar o controle dos mesmos. Apresentamos então o **Sistema de Numeração Chacaloni** através de um pergaminho. Distribuímos 15 pergaminhos entre os grupos (Figura 37).

Figura 37 – Sistema de Numeração Chacaloni

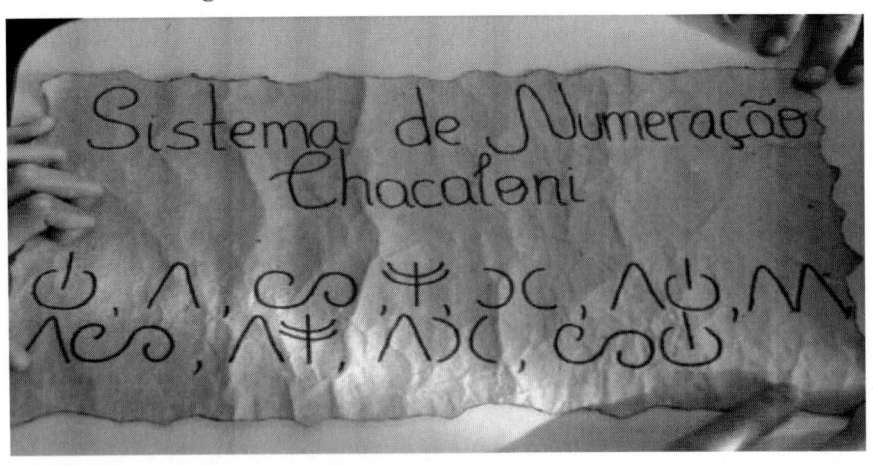

Fonte: Acervo dos autores.

Nesse momento da apresentação do sistema de numeração Chacaloni distribuímos pergaminhos aos alunos (Figuras 38 e 39) contendo o sistema de numeração representando os seus cinco algarismos e os numerais de zero a dez.

Figuras 38 e 39 – Os alunos de posse dos pergaminhos que continham o Sistema de Numeração Chacaloni

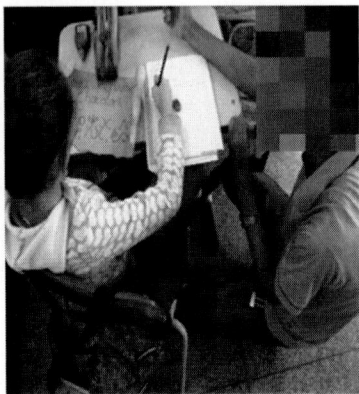

Fonte: Acervo dos autores.

Ao receber os pergaminhos foi possível notar estranhamento no rosto das crianças não conseguindo assimilar, à primeira vista, do que se tratavam aqueles símbolos apresentados a eles, mas aos poucos e com nossa mediação foram entendendo de que se tratava de algarismos. Aos poucos foram atribuindo diversos valores aos símbolos o que fez com que eles percebessem que na medida em que os numerais iam ficando maiores eles começavam a agrupar e formar novos numerais.

3º DIA

No terceiro dia, começamos como nos demais com a retomada da aula anterior e logo em seguida começamos a explicar o sistema de numeração decimal mostrando a eles quais eram os algarismos, como os numerais se organizavam com base no numeral 10 e fomos explicando quais as consequências estruturais de nosso sistema de numeração ser decimal, ou seja, ter a base dez. A intenção de mostrar a forma organizacional do sistema de numeração decimal era para que os alunos estabelecessem relação do sistema de numeração decimal com o Chacaloni, isto é, queríamos mais que isso, desejávamos que partissem do universal para o particular, mostrando a eles que se compreendessem certos nexos do nosso sistema poderiam compreender todos os demais e em especial o sistema Chacaloni. Obviamente que eles tiveram dificuldade em compreender essas interdependências e precisaram de nossa mediação intencional.

Com os pergaminhos em mãos (Figura 40) os alunos puderam perceber que existiam 5 algarismos que não se repetiam e numerais que utilizavam do agrupamento desses algarismos, formando outros numerais. Por se tratar de um sistema de numeração com base cinco os algarismos que o compõe representam do numeral zero ao quatro, sendo assim para representar os numerais cinco em diante fazia-se necessário o agrupamento dos algarismos. Essas conclusões foram feitas por eles no decorrer da aula.

Figura 40 – Alunos de posse do pergaminho que continha o Sistema de numeração Chacaloni para que pudessem entender como seus numerais eram formados

Fonte: Acervo dos autores.

Quando questionados sobre a diferença dos conceitos entre número, numeral e algarismo (deixamos claro que esses significados se aplicavam para os dois sistemas de numeração, o decimal e o Chacaloni) os alunos não conseguiram dizer com clareza do que cada um se tratava, tendo nós que mediar o processo, por meio de questionamento e esclarecimento, para leva-los ao entendimento de cada um dos conceitos e também tivemos de explicar o que era a base do sistema, o que determina a base do sistema e a relação que a base tem com o nome do nosso sistema de numeração e com sua organização, pois no momento em que foi levantada essas questões as crianças não souberam responder corretamente.

4º DIA

Após relembrar os alunos o que havia sido trabalhado nas aulas anteriores, pedimos que nos explicassem como era feito o agrupamento no sistema Chacaloni para se escrever os numerais iniciando-se no cinco. Também solicitamos que escrevessem como seria no sistema Chacaloni os numerais a partir do 10 até o 25. Quando se olha as respostas dadas pelos alunos é possível observar que eles começaram a entender o sistema de numeração Chacaloni. Vejamos os discursos deles:

> "Eles não se somam eles se posicionam" (Lucas 6º ano "B");

> "Para formar os outros numerais eles vão se combinando entre si, e isso é sem fim, por isso pode escrever qualquer número" (Aline 6º no "A");

> "Agora sim o Tigal vai poder contar e marcar o tanto do seu rebanho de um jeito rápido e fácil, parecido com o jeito que o povo faz hoje" (Luis 6º ano "C").

Continuamos a questiona-los: o sistema Chacaloni serve para que? Para que mesmo o Chacal trouxe esse sistema para Tigal? Vocês acham que existem outros sistemas de numeração? Todos servem para a mesma coisa? Para que pensassem nas respostas lhes devolvemos os pergaminhos que representava o sistema trazido por Chacal e eles coletivamente construíam suas respostas (Figuras 41 e 42).

Figuras 41 e 42 – Alunos coletivamente construindo respostas que lhe foram postas acerca da estrutura organizativa do sistema de numeração Chacaloni

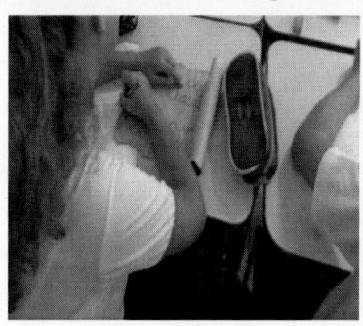

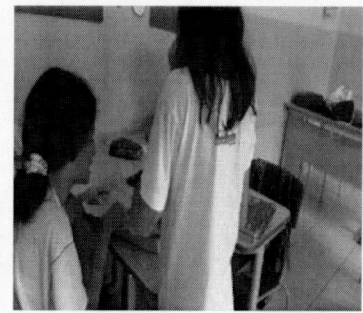

Fonte: Acervo dos autores.

5º e 6º DIAS

Como ações finais propomos aos alunos para que representassem números maiores (90, 99, 100, 190, 240, 1211) utilizando o sistema de numeração Chacaloni, afinal o rebanho de Tigal poderia ter qualquer quantidade. Observou-se espanto no rosto das crianças, pois eles haviam aprendido a representar os numerais Chacaloni por agrupamento progressivo, ou seja, para eles conseguirem representar os numerais era preciso fazer cada um deles até chegar aos numerais solicitados por nós, que tinham valores altos. Entretanto, em cada sala tivemos alunos que perceberam a relação de mudança dos símbolos a cada cinco unidades, que é a base do sistema de numeração Chacaloni, o que facilitou para que pudessem decifrar os símbolos representativos de cada numeral.

Deixamos claro que com o sistema Chacaloni, assim como no nosso sistema de numeração decimal, poderíamos escrever qualquer numeral. Além disso, destacamos que isso poderia ser feito de várias maneiras e que a forma como íamos ensina-los, pelo algoritmo da divisão, não foi possivelmente a primeira forma como essa conversão entre sistemas (porque também dissemos a eles que existiram e existem outros sistemas de numeração ao longo da história do homem), mas que essa era a maneira que tínhamos escolhido para ensina-los a fazer essa conversão naquele momento.

Após termos apresentados a eles a conversão das bases com o uso do algoritmo da divisão, lhes dissemos: lembrem-se que o Chacal trouxe o sistema Chacaloni para ajudar Tigal a organizar seu rebanho. Agora representem todas as quantidades do rebanho que apareceram na história: 120, 40, 80, 70 e 150.

Organizar esse CAEPI e desenvolve-lo com os alunos não foi um caminho sem atropelos consideráveis vividos por nós aprendizes da docência e não menos também pelos alunos da educação básica. O tópico seguinte pretende mostrar quais foram os problemas vividos e o aprendizado que isso significou para a constituição da nossa docência em Matemática.

Os obstáculos vivenciados pelos bolsistas durante o planejamento

Foram grandes as dificuldades enfrentadas por nós como licenciandos na estruturação de todo esse conjunto de atividades. Os problemas encontrados por todos nós se referem às várias etapas do desenvolvimento do referido CAEPI e foram de grande importância para uma maior compreensão da organização de nossas ações como professores em formação.

Em busca do entendimento do que seriam as nossas maiores limitações e as causas que proporcionaram tamanho embaraço na organização e compreensão da referida atividade nos deparamos com vários obstáculos, tais como: entender nosso próprio sistema de numeração, criar a história virtual como situação desencadeadora de aprendizagem conexa à síntese histórica do conceito e desenvolver a síntese coletiva interconectada à SDA.

Apesar de sermos Licenciandos em Matemática, um de nossos maiores impasses foi a compreensão do nosso sistema de numeração, mesmo tendo passado por todo o ensino básico, em que deveríamos ter aprendido tudo sobre nosso sistema de numeração, descobrimos aqui que isso não tinha acontecido. Foram necessários vários encontros dedicados à compreensão estrutural organizativa desse sistema. Não tínhamos até então nenhuma noção dos nexos conceituais existentes no sistema de numeração decimal. A cada porquê da professora coordenadora nos deparávamos com algo ao qual não sabíamos. Descobrimos que se não sabíamos como o nosso próprio sistema estava organizado jamais daríamos conta de criar outro sistema de numeração, como era vontade nossa. Afinal, "[...] compreender a essência das necessidades que moveram a humanidade na busca de soluções que possibilitaram a construção social dos conceitos faz parte do movimento de compreensão do próprio conceito" (MORETTI, 2015, p. 54).

Creditamos nossas dificuldades ao fato de que a organização do ensino ofertada na educação básica possui brechas, limitando o ensino, e deixando de abordar elementos essenciais para um melhor entendimento da gênese dos conceitos, e essa ausência prejudica a apropriação dos mesmos. Em consequência, chegamos à universidade compreendendo o sistema de numeração superficialmente, o que se tornou insuficiente para sanar dúvidas em relação ao mesmo. Ao chegarmos à universidade o processo se repetiu. Vejamos o discurso do Ivo que comprova esse fato:

> "A gente chegou no ensino superior sem saber como nosso sistema de numeração está organizado." (Ivo)

Nessa etapa da atividade todos nós tivemos extrema dificuldade, uma vez que não compreendíamos nem o porquê do mesmo ser chamado de decimal e muito menos a sua organização. Vejamos o discurso do José:

> "Tive muita dificuldade em entender o nosso sistema de numeração, não sabia que ele era organizado daquele jeito". (José)

Foram necessárias longas horas de explicação da professora coordenadora para que pudéssemos ter condições de entender os nexos conceituais que sustentavam nosso sistema de numeração. Vejamos outra manifestação:

> "Jamais imaginei que nosso sistema tinha algo a ver com potência" (Ana).

Concluímos que se não houvesse a necessidade de compreensão do sistema de numeração de forma minuciosa para o planejamento desse CAEPI, passaríamos por todo nosso processo de formação inicial e não teríamos esclarecimento sobre a forma como sistema de numeração está organizado. Observem o discurso da Isa e do Charles:

> "E se não fosse o PIBID, a gente ia sair do curso sem saber nem explicar porque escrevemos nossos numerais como são escritos". (Isa)

> "E sem imaginar que o jeito de fazer as continhas de mais, menos, multiplicar e dividir tem tudo a ver com o sistema de numeração. Que pena que o restante do pessoal que não faz PIBID vai sair sem saber" (Charles).

Após estudarmos o nosso sistema de numeração exaustivamente em nossas reuniões coletivas com a professora coordenadora e o professor colaborador e compreendermos a sua organização partimos para a criação da história virtual, mesmo obtendo ajuda deles passamos por grandes apuros para organizar a história, para que a mesma atendesse as perspectivas teóricas as quais nos sustentavam. Seguidamente construímos a base de uma História Virtual que satisfizesse algumas das condições da história do conceito de números, foram feitas assim inúmeras modificações até que ela pudesse atender aos estágios principais da síntese histórica.

> A situação desencadeadora de aprendizagem deve contemplar a gênese do conceito, ou seja, a sua essência; ela deve explicitar a necessidade que

levou a humanidade à construção do referido conceito, como foram aparecendo problemas e as necessidades humanas em determinada atividade e como os homens foram elaborando as soluções ou sínteses no seu movimento logico-histórico (MOURA et al, 2010. p. 82).

Acreditamos que o tamanho embaraço para criar a história virtual tem origem na falta de compreensão da gênese dos conceitos de números e sistemas de numeração, como também de sabermos quais nexos conceituais os sustentam. Por não compreendermos os nexos conceituais que estruturam tais objetos matemáticos não conseguíamos criar uma história virtual que pudesse reproduzir parte do caminho que levou a criação e desenvolvimento dos mesmos. O discurso de Paloma reflete essa questão:

> "Foi tão difícil conseguir fazer com que uma história virtual tivesse relação com a síntese histórica dos conceitos de número e sistema de numeração, por um momento pensei que não iriamos conseguir" (Paloma).

Em todos os momentos a nossa professora coordenadora colocava em questão a relação da História virtual com a síntese histórica dos conceitos. Cada vez que nos reuníamos para organizar a atividade inúmeras lacunas eram encontradas por nós; e isso só ocorria por estarmos em movimento do desenvolvimento do pensamento teórico. "Para que ocorra a formação do pensamento teórico, é necessária a organização do ensino de um modo que o estudante realize atividades adequadas para a formação desse tipo de pensamento (ROSA; MORAES; CEDRO, 2010. p. 139).

Mesmo depois de supostamente prontas, as questões tiveram modificações, pois ao analisa-las novamente enxergamos erros, os quais foram corrigidos. Vale ressaltar que a cada vez que repassávamos a SDA algo era alterado, e por várias vezes modificamos a sua forma de aplicação com o intuito de aprimorar e de tornar a mesma uma situação que atendesse as nossas necessidades. Até que conseguimos entender que precisávamos de uma História Virtual conexa à síntese histórica dos conceitos de Números e Sistema de Numeração, e que o objetivo seria proporcionar aos alunos a compreensão dos conceitos por meio de uma situação em que eles se colocassem em necessidade de contar e logo após organizar a contagem, de forma que eles não utilizassem qualquer sistema de numeração já existente. Queríamos colocar os alunos em atividade e para isso nós bolsistas também precisávamos estar em atividade. Segundo Leontiev (1978) a primordialidade da constituição do conceito de atividade é o desenvolvimento social e humano, ou seja, a atividade é a mediadora entre o homem e sua realidade, e é por meio dela que perpassa a cultura humana.

Na criação da situação desencadeadora de aprendizagem, organizamos ações que foram fragmentadas com perguntas intencionadas a conduzir os alunos à compreensão da gênese e essência dos objetos matemáticos aqui já abordados. Essas perguntas passaram por várias alterações até atingir o nosso objetivo, o qual era fazer com que os alunos nos dessem respostas que pudessem servir como elementos mediadores à compreensão dos conceitos que seriam ensinados.

> A aprendizagem dos conceitos é acompanhada de uma aprendizagem de procedimentos sobre o processo de apreensão e construção de conhecimentos. Isto poderá ser concretizado em atividades de ensino que nascem de uma necessidade de aprender desencadeada por situações problemas que possibilitem os sujeitos agirem como solucionadores de problemas: definindo ações, escolhendo os dados e fazendo o uso de ferramentas que sejam adequadas para a solução da situação posta (MOURA, 2001, p. 160).

Nós, na condição de acadêmicos e bolsistas da iniciação à docência, sabemos da dificuldade dos alunos no aprendizado da matemática, por esse motivo consideramos de extrema importância que os alunos perpassem pela mesma trajetória que o homem transcorreu na evolução dos conceitos matemáticos, por acreditarmos que isso facilita o entendimento, desperta o interesse coletivo, e de fato conduz à apropriação conceitual.

Considerações finais

O desenvolvimento desse CAEPI nos conduziu a meios de entendimento do verdadeiro sentido da atividade pedagógica do professor de matemática além de nos ter dado oportunidades de compreensão da realidade escolar da educação básica pública. Desse modo passamos a ver o professor como sujeito responsável pela organização de sua atividade pedagógica, sendo também o responsável pelo processo de transmissão e assimilação da cultura produzida histórica e coletivamente. Destarte, esse processo se objetiva num espaço particular, a escola, vista aqui conforme Silva (2014, p. 151) como um lugar "que se compromete não somente em ensinar conteúdos curriculares, mas também provocar o desenvolvimento daqueles que por ela passam". Nesse contexto, a escola assume esse papel fundamental de "lugar de desenvolvimento do conhecimento, das capacidades intelectuais e da personalidade" (LIBÂNEO, 2013, p. 17).

Neste sentido, durante a realização desse CAEPI percebemos o quão é imprescindível a função social da atividade docente que é propiciar condições para que os alunos aprendam, ou seja, o professor é o mediador entre o aluno e o conhecimento. Ele tem por finalidade garantir que os alunos se apropriem do conhecimento sistematicamente produzido, elaborado, planejado e organizado. Assim, a atividade de ensino deve gerar nos alunos necessidades inéditas que promovam seu desenvolvimento. Dessa forma a atividade pedagógica docente deve propiciar possibilidades de o aluno ser ativo no processo de construção do conhecimento e não um mero receptor passivo de conhecimentos postos como prontos e acabados. Com base nessa premissa podemos considerar:

> [...] que a atividade pedagógica do professor de Matemática deva receber outra dimensão, a qual compreende organizações de ensino de modo a promover movimento rumo à apropriação do conhecimento matemático com sua interconexa aprendizagem. Esse caminho deve ser percorrido junto à valorização da díade teoria-prática e do domínio dos conhecimentos disciplinares e didáticos pelo professor. Tais conhecimentos devem estar relacionados às respostas do como, porque e para que ensinar determinado conceito matemático, possibilitando ao docente compreender as necessidades dos sujeitos como ponto de partida para determinado estudo, sobretudo a apropriação do conceito como recurso para intervir e interagir na sociedade circundante (SILVA; CEDRO, 2015b, p. 8).

Assim, buscamos durante o desenvolvimento desse CAEPI entender a atividade pedagógica como práxis[14] social, isto é, como uma ação intencional que se realiza nas inter-relações socioculturais, adquirindo significado, retirando o invólucro que se encontra o ensino, não se reduzindo somente à instituição escolar e ao professor. Ao caracterizarmos dessa forma a atividade pedagógica, passamos à busca da transformação da atividade de ensino em atividade de aprendizagem, de forma que suas ações provoquem no aluno a necessidade de apropriar-se de determinado conceito. Assim, de acordo com Moura e outros (2010, p.94) "Para que a aprendizagem se concretize para os estudantes e se constitua efetivamente como atividade, a atuação do professor é fundamental, ao mediar a relação dos estudantes com o objeto de conhecimento, orientando e organizando o ensino".

---

14 Segundo Silva (2014, p. 162) Práxis e entendida segundo os pressupostos de Marx, assim isso "implica compreendê-la como uma unidade: primeiramente de uma atividade teórica e uma atividade prática que não sendo únicas, coexistem e se materializam em um corpo singular. A práxis assim resguardada também seria aquela capaz de conjugar conhecimentos disciplinares e didáticos, se compondo na materialização de ações docentes que unam ensino e aprendizagem"

Na busca de que nosso trabalho no PIBID se tornasse atividade, passamos por um processo de tomada de consciência de nossas ações, de forma tal que organizamos nossas ações de maneira intencional. Ao internalizar esses elementos que compõem a atividade pedagógica provocamos, não só nosso próprio desenvolvimento, mas principalmente o desenvolvimento nos alunos. Moura e outros (2010, p. 90) reforçam que;

> O professor que se coloca, assim, em atividade de ensino continua se apropriando de conhecimentos teóricos que lhe permitem organizar ações que possibilitem ao estudante a apropriação de conhecimentos teóricos explicativos da realidade e o desenvolvimento do seu pensamento teórico, ou seja, ações que promovam a atividade de aprendizagem de seus estudantes.

Dessa maneira podemos dizer que os alunos das salas onde desenvolvemos esse CAEPI deixaram a posição de expectador do conhecimento com base nas ações organizadas e promovidas pelo ensino para serem agentes ativos da própria aprendizagem. Em vista disso, não podemos pensar em uma organização do ensino que privilegie somente nós professores e como detentores únicos do conhecimento, haja vista que todos os sujeitos envolvidos no processo devem promover ações para que participem mutuamente da apropriação do conhecimento. Além disso, a atividade pedagógica que provoca a aprendizagem no aluno possui também a capacidade de romper a díade teoria e prática, característica essa bastante delineada nas ações desse CAEPI. Dessa maneira, ao internalizar os conhecimentos necessários para a composição dessa díade, Silva (2014, p. 33) teoriza que;

> Tais conhecimentos devem estar relacionados às respostas do como, porque e para que ensinar determinado conceito, possibilitando ao docente compreender as necessidades dos sujeitos como ponto de partida para determinado estudo, sobretudo a apropriação do conceito como recurso para intervir e interagir na sociedade.

Portanto, as ações desenvolvidas dentro do CAPEI de Números e Sistemas de Numeração passa a ter um caráter social ao criar maneiras para alcançar seus objetivos e necessidades. Logo, o que compete para nós educadores em formação é a ação de mediar e proporcionar condições para a apropriação dos conceitos objetivando o desenvolvimento dos alunos. Nesse sentido Vigotski (2008, p. 114) assevera que "o único bom ensino é o que se adianta ao desenvolvimento". Assim, a atividade pedagógica deve produzir o desenvolvimento psíquico criando novas necessidades e motivos com a finalidade de provocar transformações na atividade do aluno. Seguindo essa linha de pensamento, Asbahr (2005, p. 114) afirma que "Se a significação social da atividade pedagógica é garantir que os alunos se apropriem do conhecimento não cotidiano, e a finalidade direta de sua ação é produzir desenvolvimento psíquico, cabe ao professor organizar sua prática de maneira a dar conta desses objetivos.

Diante dessa perspectiva, o professor deve planejar sua atividade pedagógica de forma a garantir a aprendizagem do aluno, mas também deve promover condições para que o aluno construa conhecimento. O aluno deve ser o sujeito principal de sua atividade de aprendizagem, para isso, o professor deve compreender o real motivo e objetivo de sua atividade pedagógica. Nessa concepção Asbahr (2005, p.114) confirma que "Compreender a significação social da atividade pedagógica é fundamental para investigar o que motiva o professor a realizar tal atividade, ou seja, qual é o sentido pessoal da atividade docente ao professor." Para nós, a atividade pedagógica não é simplesmente reprodução de conteúdos de forma mecânica e automatizada com exercícios desconexos com a realidade vivida pelo aluno, mas sim intervenção pedagógica com ações de aprendizagem que humanizam e constituem a formação individual do aluno. Nessa perspectiva, Libâneo (2004, p.19) pondera que; "Todavia, a questão não está em descartar os conteúdos, mas em estudar os produtos culturais e científicos da humanidade, seguindo o percurso dos processos de investigação, ou seja, reproduzindo o caminho investigativo percorrido para se chegar a esses produtos.

Ao percorrer esse caminho de reconstituição lógica-histórica do processo de surgimento dos conceitos de números e Sistema de Numeração, nós buscamos assumir nosso papel de organizadores do ensino e nessa busca "permitir a transformação da realidade escolar por meio da transformação dos sujeitos [...] (RIGON; ASBAHR; MORETTI, 2010, p. 29). Portanto, consideramos que a significação social da atividade pedagógica realizada pelo professor é proporcionar condições de ensino que permitam aos alunos se engajarem em atividades de aprendizagem, afiançando a apropriação do conhecimento não cotidiano, não se limitando somente à compreensão, mas possibilitando o seu uso satisfazendo uma necessidade interna ou externa.

Para tais realizações é necessário que o professor, ao organizar o ensino, tenha consciência de suas ações. Dessa maneira, terá como transformar a realidade circundante ao transformar a si e aos outros. Diante disso, o ensino precisa ser conduzido a uma finalidade, e é nessa finalidade que determinamos a atividade pedagógica realizada na instituição escolar. É necessário que ela recupere a gênese e o desenvolvimento dos conceitos matemáticos trabalhados e suas aplicações para que haja sentido naquilo que se ensina e se aprende. Entretanto, o que encontramos de acordo com Bernardes (2000, p. 238) é;

> O que se verifica nas ações pedagógicas (na maioria das vezes) é a objetivação da dimensão imediata do conhecimento, considerando o uso do mesmo para as relações práticas exercitadas em sociedade (relação singular-particular na qual a particularidade substitui o universal).

Com isso, todo o tempo de planejamento e reelaboração de nossas ações dentro desse CAEPI buscarmos um ensino de forma organizada e intencional, uma aprendizagem singular e consciente, por parte dos estudantes, inviabilizando a alienação de sua atividade, ou seja, a atividade se tornara alienada quando motivos e objetivos do processo de ensino e de aprendizagem não mais coincidirem. Nas palavras de Moura (2010, p. 9) "[...] no conceito de atividade o objeto é aquilo que coincide com o motivo da atividade e é objetivado no processo de trabalho, o estudante transformado é também produto do trabalho do professor".

Mediante a isso, procuramos nesse CAEPI além de proporcionar condições para que os alunos se apropriassem do conhecimento matemático construído e elaborado pela humanidade, serem capazes de promover seus próprios desenvolvimentos intelectuais. Dessa maneira, Asbahr (2005, p. 61) afirma que o professor também é responsável pela

> [...] formação crítica do aluno, possibilitando que este tenha acesso também ao processo de produção do conhecimento. [...] [assim], o aluno não é só objeto da atividade do professor, mas é principalmente sujeito e constitui-se como tal na atividade de ensino/aprendizagem na medida em que participa ativamente e intencionalmente do processo de apropriação do saber, superando o modo espontâneo e cotidiano do conhecer.

Destarte, o professor, ao criar seus motivos e necessidades de ensinar, humaniza-se e concomitantemente ensina os conhecimentos historicamente construídos, provocando transformações no aluno, humanizando-o através de sua atividade ao organizar o ensino. Dessa forma, os motivos e objetivos se coincidem, deixando claro que ambos estejam em Atividade. Por conseguinte, são as ações promovidas pelo professor que determinarão a organização do ensino, com base na mediação do conhecimento, o que propiciará ao aluno os motivos necessários para a aquisição do conceito e, consequentemente, a formação do pensamento teórico. Isso significa, de acordo com Moura e outros (2010, p.79) que;

> [...] somente o desenvolvimento do pensamento teórico fornece as condições necessárias para que a atitude criativa do homem se transforme em uma atividade real que lhe permita a apropriação dos bens culturais produzidos pela humanidade e, consequentemente, sua humanização em sentido genérico.

Mediante ao exposto, ao desenvolvermos esse CAEPI não queríamos apenas ensinar o conteúdo números e sistemas de numeração, mais sim tínhamos a intenção de promover o desenvolvimento do pensamento teórico, e para isso não basta somente conhecer os processos técnicos do conhecimento aplicáveis em situações imediatas, é necessário conhecer sua história e qual o motivo levou a humanidade a construir e perpetuar o conceito em questão. Ou seja, segundo Bernardes (2000, p. 140) é preciso a análise da;

> [...] essência do conhecimento sócio-histórico, sendo preponderante para que os estudantes apropriem-se das elaborações materiais e ideais sem as quais não é possível a superação da condição empírica e espontânea proporcionada pela socialidade presente nas relações entre os indivíduos e a sociedade fragmentada no processo da alienação.

Diante disso, procuramos para que os alunos realizassem ações que permitissem que o processo de aprendizagem erguido sobre bases do desenvolvimento do pensamento teórico se objetivasse. "O conhecimento teórico constitua o objetivo principal da atividade de ensino, pois é por meio de sua aquisição que se estrutura a formação do pensamento teórico e, por consequência, o desenvolvimento psíquico do sujeito" (DAVIDOV, 1982. p. 80). Desta maneira, vimos que os motivos, finalidades e objetivos não acontecem inconscientemente no sistema escolar. Todos os indivíduos encontrados nesse processo professores, bolsistas e alunos devem ter consciência do lugar no qual estão inseridos para que as singularidades da atividade do professor e a atividade do aluno se objetivem.

Portanto, neste CAEPI buscamos mediatizar de forma intencional e planejada o conhecimento matemático como produto cultural, criado pela sociedade, promovendo de forma significativa o desenvolvimento do pensamento científico no aluno, através da organização do trabalho pedagógico, o qual se objetiva na atividade pedagógica, atividade essa tida como um conjugado de ações intencionais, conscientes, apontadas para um fim específico: o ensino.

REFERÊNCIAS

ASBAHR, F. S. F. **A pesquisa sobre a atividade pedagógica**: contribuições da teoria da atividade. Universidade Ibirapuera, 2005.

BERNARDES, M. E. M. **As ações na atividade educativa.** Dissertação de Mestrado em Educação. Faculdade de Educação. São Paulo, USP, 2000.

DAVIDOV. V. **La enseñanza escolar y el desarrollo psíquico.** Madrid: Progreso, 1982.

ENGELS, F. **A Ideologia Alemã.** São Paulo: Centauro, 2002.

LEONTIEV, A. **O desenvolvimento do psiquismo.** Lisboa: Livros Horizonte, 1978.

LIBÂNEO, J. C. **Organização e Gestão da Escola**: Teoria e Prática, 5. ed. Goiânia, Alternativa, 2004.

_____. Didática como campo investigativo e disciplinar e seu lugar na formação de professores. In: OLIVEIRA, M. R. N. S.; PACHECO, J. A. B. **Currículo, Didática e Formação de Professores.** São Paulo: Papirus, 2013.

LOPES; A. R. L. V.; ROOS; L. T. W.; BATHELT; R. E. **Pacto Nacional pela Alfabetização na Idade Certa**: Quantificação, Registros e Agrupamentos. Ministério da Educação, Secretaria de Educação Básica, Diretoria de Apoio à Gestão Educacional. Brasília: MEC, SEB, 2014.

MORETTI, V. D. A articulação entre a formação inicial e continuada de professores que ensinam matemática: O caso da residência Pedagógica da Unifesp. **Educação,** Porto Alegre v. 34 n. 3, p. 385-390 set./dez., 2015.

MORETTI, V.; ASBAHR, F. S. F.; RIGON, A. J. O humano no homem: os pressupostos teórico-metodológicos da teoria histórico-cultural. **Psicol. Soc. [on-line].** v. 23, n. 3, p.477-485, 2011.

MOURA, M. O.; LANNER de MOURA, A. R. **Escola**: um espaço cultural. Matemática na Educação Infantil: conhecer, (re)criar – um modo de lidar com as dimensões do mundo. São Paulo: Diadema/ Secel, 1998.

MOURA, M. et al. A Atividade Orientadora de Ensino Como Unidade Entre Ensino e Aprendizagem. In: MOURA, M. (Org.). **A atividade pedagógica na teoria histórico-cultural.** Brasília, DF: Liber Livro, 2010.

MOURA, M. O. A atividade de ensino como unidade formadora. **Bolema**, Rio Claro, v. 12, p. 29-43, 1996.

_____. A atividade de ensino como ação formadora. In: CASTRO, A. D.; CARVALHO, A. M. P. de (Orgs.). **Ensinar a ensinar**. São Paulo: Pioneira, 2001.

_____. Prefácio. In: MOURA, M. O. (Org.). **A atividade pedagógica na teoria histórico-cultural**. Brasília, DF: Liber Livro, 2010.

RIGON, A.; ASBAHR, F.; MORETTI, V. D. Sobre o Processo de Humanização. In: MOURA, M. O. (Org.). **A atividade pedagógica na teoria histórico-cultural**. Brasília-DF: Liber Livro Editora Ltda. 2010.

ROSA, J. E.; MORAES, S. P. G.; CEDRO, W. A Formação do Pensamento Teórico em uma Atividade de Ensino de Matemática. in: MOURA, M. O. (Org.). **A atividade pedagógica na teoria histórico-cultural**. Brasília-DF: Liber Livro Editora Ltda. 2010.

ROSENTHAL, D. M. **Two concepts of consciousness**. Philosophical Studies, 1986.

SILVA, M. M. **Estágio Supervisionado:** o planejamento compartilhado como organizador da atividade docente. Dissertação de Mestrado, Goiânia, Programa de Mestrado em Educação Ciências e Matemática, Universidade Federal de Goiás, 2014.

SILVA, M. M; CEDRO, W. L. O estágio Supervisionado e a licenciatura em Matemática: as particularidades de uma proposta de aprendizagem da docência. In: FERREIRA, A. C.; TRALDI JUNIOR, A.; LOPES, C. E. **O estágio na formação inicial do professor que ensina Matemática**. Campinas, São Paulo: Mercado de Letras, 2015a.

SILVA, M. M.; CEDRO, W. L. Estágio Supervisionado e Planejamento compartilhado: Possibilidades da organização do ensino de professores de Matemática em formação. **Educação Matemática Pesquisa**, v. 17, n. 2, 2015b.

VIGOTSKI, L. S. **Pensamento e Linguagem**. 4. ed. São Paulo: Martins Fontes, 2008.

SOBRE OS AUTORES

Organizadores

Maria Marta da Silva, Doutoranda em Educação em Ciências e Matemática da Universidade Federal de Goiás. Professora da Universidade Estadual de Goiás campus Quirinópolis.

Wellington Lima Cedro, Doutor em Educação (área de Ensino de Ciências e Matemática) pela Faculdade de Educação da Universidade de São Paulo. Professor Associado do Instituto de Matemática e Estatística da Universidade Federal de Goiás (IME/UFG).

Autores

Alex Maçal Oliveira

Licenciado em Matemática pela Universidade Estadual de Goiás (2015). Atualmente trabalha no Banco Sicoob Agrorural como analista de tecnologia. Participou na construção e criação da arte da HQ que foi desenvolvida no capitulo 3 desta obra.

Aline Costa Alves Cândido

Possui graduação em Matemática pela Universidade estadual de Goiás e graduação em física pea PUC-Goiás. Especialização em Matemática pela Universidade Estadual de Goiás. Professora Efetiva de Matemática das redes estadual e municipal. Supervisora do subprojeto Pibid desde 2016.

Ana Luiza Amaral Garcia

Estudante de Licenciatura em Matemática pela Universidade Estadual de Goiás (UEG). É integrante do Programa Institucional de Bolsa de Iniciação à Docência (PIBID). Atualmente é professora de matemática da Rede Estadual de Goiás no Ensino Fundamental II e Ensino Médio. Membro do CluMat UEG campus Quirinópolis.

Angélica Paula Costa Santos
Licenciada em Matemática pela Universidade Estadual de Goiás (2015), especialista em Educação para Ciências e Humanidades pela Universidade Estadual de Goiás (2017). Atualmente é Coordenadora de Turno de uma escola particular de ensino de Quirinópolis, Goiás.

Cezar Augusto Ferreira
Licenciado em Matemática pela Universidade Estadual de Goiás (2011). Especialista em Educação Matemática pela UFG. Mestrando em Educação em Ciências e Matemática pela UFG. Atualmente é Professor da Universidade Estadual de Goiás campus Quirinópolis e professor da Cooperativa de Ensino de Quirinópolis.

Charles Custódio da Silva
Estudante de licenciatura em matemática na Universidade Estadual de Goiás Campus Quirinópolis. Foi bolsista do subprojeto PIBID (Programa Institucional de Bolsa de Iniciação à Docência) no período de 2014 a 2016. Presidente do Conselho Acadêmico do curso no período de 2014 a 2017. Ocupação atual no setor agroindustrial.

Dayane Andrade Souza
Estudante de licenciatura em matemática na Universidade Estadual de Goiás (UEG), bolsista do Programa Institucional de Bolsas de Iniciação à Docência (PIBID) e participante do clube de matemática da Universidade Estadual de Goiás (CLUMAT) campus Quirinópolis.

Dayanne Cristynne Andrade Ferreira Soares
Licenciada em Matemática pela Universidade Estadual de Goiás. Especializações: Metodologias de Ensino e Pesquisa em Matemática e Física pela Faculdade Católica de Anápolis e Gestão Escolar: Administração, Supervisão e Orientação pela Universidade Cândido Mendes. Professora de Matemática no Colégio Expansão de Santa Maria dos Anjos e na Escola Municipal Rural João Antônio Barbosa. Supervisora do Pibid de 2014 a 2016.

Eduardo de Souza Silva
Estudante de licenciatura em matemática na Universidade Estadual de Goiás (UEG), bolsista do Programa Institucional de Bolsas de Iniciação à Docência (PIBID) e participante do clube de matemática da Universidade Estadual de Goiás (CLUMAT) campus Quirinópolis.

Erika Lúcia Ferreira de Jesus
Licenciada em Matemática pela Universidade Estadual de Goiás (2016). Bolsista do Programa Institucional de Bolsa de Iniciação à Docência (2014 – 2016) pela UEG. Atualmente é aluna de especialização em Cultura, Diversidade e Meio Ambiente pela UEG.

Géssica Alves Dias
Estudante de licenciatura em matemática na Universidade Estadual de Goiás (UEG), ex-integrante do Programa Institucional de Bolsas de Iniciação à Docência (PIBID) da Universidade Estadual de Goiás.

Isa Micaella Vieira Marques
Estudante de Licenciatura em Matemática pela Universidade Estadual de Goiás (UEG). Integrante do Programa Institucional de Bolsa de Iniciação à Docência (PIBID). Atualmente atua como professora de Matemática da Rede Estadual de Goiás no Ensino Fundamental II. Membro do CluMat UEG campus Quirinópolis.

Ivo Augusto Zuliani de Moraes
Licenciando em Matemática, bolsista do Pibid no período 2014-2016. Atualmente é professor de Matemática da rede publica municipal da cidade de Quirinópolis. Membro do CluMat-UEG.

José Clementino Da Silva
Graduando em matemática (licenciatura) pela UEG Quirinópolis. Participou do projeto de programa instituição de bolsas de iniciação à docência (Pibid). Atualmente participa do clube da matemática UEG campus Quirinópolis.

Larissa Stéfane Borba Gouveia
Estudante de licenciatura de Matemática da Universidade Estadual de Goiás (UEG), bolsista do projeto Programa Institucional de Bolsas de Iniciação à Docência de Matemática (PIBID). É participante do projeto Clube de Matemática da Universidade Estadual de Goiás, em Quirinópolis (CLUMAT).

Maria Marta da Silva
Mestre em Educação Ciências e Matemática pela Universidade Federal de Goiás, Especialista em Matemática Superior pela Universidade Estadual de Goiás, Licenciatura Plena em Ciências - Habilitação em Matemática pela Faculdade de Educação Ciências e Letras de Quirinópolis Professora efetiva da Universidade Estadual de Goiás, atuando nas licenciaturas de Matemática e Pedagogia; professora de Matemática da Educação Básica (Fundamental II) Rede Municipal até a atualidade. Professora de Matemática do Ensino Médio (Rede Estadual) por 20 anos. Professora da Especialização em Educação, Ciências e Humanidades pela Universidade Estadual de Goiás. Coordenadora do Clube de Matemática da Universidade Estadual de Goiás. Coordenadora de Área do Subprojeto Pibid de Matemática da UEG campus Quirinópolis. Membro do Grupo de Estudos e Pesquisa sobre a Atividade Matemática (GeMat) da UFG. Linhas de Pesquisa: Formação de professores

de Matemática e ensino-aprendizagem de Matemática na perspectiva da Teoria Histórico-Cultural e Teoria da Atividade.

Paloma Aparecida Souza do Nascimento
Estudante de licenciatura em Matemática pela Universidade Estadual de Goiás (UEG) Campus Quirinópolis. Integrante do Programa Institucional de Bolsistas de iniciação à docência (Pibid) no período 2015-2016, atualmente professora regente em Matemática e Física da Rede Estadual de Goiás modulada no Ensino Médio regular. Membro do CluMat UEG campus Quirinópolis.

Renata Fernandes Pinheiro
Licencianda em Matemática, bolsista atual do Pibid.. Membro do CluMat-UEG.

Roberto Barcelos Sousa
Doutor em Educação Matemática pela UNESP/RIO CLARO. Professor do Curso de Licenciatura em Matemática da Universidade Estadual de Goiás (UEG) Campus de Quirinópolis. Professor colaborador no Programa de Pós-graduação Educação em Ciências e Matemática da UFG. Coordenador de Gestão PIBID-UEG. Coordenador Laboratório Interdisciplinar de Formação de Educadores – LIFE/UEG Campus Quirinópolis. Atualmente faz parte da Equipe PRODOCENCIA PRG/UEG.

Sarah Cristina Maria Silva
Licenciada em Matemática pela Universidade Estadual de Goiás (UEG). Bolsista do Programa Institucional de Bolsa de Iniciação à Docência (2012 – 2015). Atualmente trabalha no Instituto Brasileiro de Geografia e Estatística (IBGE). Responsável pela arte da capa desta obra e participou também na arte da HQ desenvolvida no capitulo 3 desta obra

Sarah Leticia Silva Machado de Melo
Licenciada em Matemática pela Universidade Estadual de Goiás (2015). Especialista em Educação Para as Ciências e Humanidades pela Universidade Estadual de Goiás (2017). Atualmente é professora de matemática na primeira fase do ensino fundamental. Pibidiana no período 2012-2015.

Wellington Lima Cedro
Doutor em Educação (área de Ensino de Ciências e Matemática) pela Faculdade de Educação da Universidade de São Paulo. Atualmente é professor Associado do Instituto de Matemática e Estatística da Universidade Federal de Goiás (IME/UFG). Coordenador do Grupo de Estudos e Pesquisa sobre a Atividade Matemática (GeMAT) do IME/UFG. Membro do GEPAPe (Grupo de Estudos e Pesquisas sobre a Atividade Pedagógica) da FEUSP. Coordenador do GT 07 (Formação de professores que ensinam matemática) da Sociedade Brasileira de Educação Matemática (2015-2018).

A publicação desta obra contou com o apoio financeiro de:
CCAA – Quirinópolis – Goiás
Clínica Sagrado Coração de Jesus – Quirinópolis - Goiás
Colégio Expansão de Santa Maria dos Anjos – Quirinópolis – Goiás
Mônica Ensino de Música – Quirinópolis – Goiás

SOBRE O LIVRO
Tiragem: 1000
Formato: 16 x 23 cm
Mancha: 12,3 x 19,3m
Tipologia: Times New Roman 10,5/12/16/18
Arial 7,5/8/9
Papel: Pólen 80 g (miolo)
Royal Supremo 250 g (capa)